K O R E A   S T O R Y

한글, 자연의 모든 소리를 담는 글자
Hangeul, the letter for the sound of nature

Hangeul, the letter for the sound of nature (version english)

1st edition 9th October 2006
2nd edition 31st March 2013
Revised 1st edition 9th October 2017
Planning Korea Story committee
Compiler Eunsil Yu, Yongmi Lee, Kyungtaeg Oh
Supervisor Myungho Kim, Soohee Kim, Emily Curtis
Translator Eunsil Yu
Art Direction C-design
Sponsor Gunmaan Lee Anf

Publisher Sol Hong
Company HERWON MEDIA
Address 19, Pirundae-ro 7-gil, Jongno-gu, Seoul, Korea
Telephone +82-2-766-9273
Fax +82-2-766-9272
Homepage http://cafe.naver.com/herwonbooks
Price KRW 10,000

ISBN 978-89-92162-02-9 04700(set)
978-89-92162-71-5 04700

K O R E A S T O R Y

한글, 자연의 모든 소리를 담는 글자
Hangeul, the letter for the sound of nature

허원미디어
HERWON MEDIA

아름다운 꿈을 가꾸는 사람들을 위한 코리아 스토리

코리아 스토리 시리즈를 펴내는 뜻을 대신하여 백범 김구* 선생의 '나의 소원'** 중 '내가 원하는 우리나라'의 한 구절을 옮깁니다.

나는 우리나라가 세계에서 가장 아름다운 나라가 되기를 원한다. 가장 부강한 나라가 되기를 원하는 것이 아니다. 내가 남의 침략에 가슴이 아팠으니, 내 나라가 남을 침략하는 것을 원치 아니한다. 우리의 부력은 우리의 생활을 풍족히 할 만하고, 우리의 강력은 남의 침략을 막을 만하면 족하다. 오직 한없이 가지고 싶은 것은 높은 문화의 힘이다. 문화의 힘은 우리 자신을 행복하게 하고, 나아가서 남에게 행복을 주겠기 때문이다. 지금 인류에게 부족한 것은 무력도 아니오, 경제력도 아니다. 자연과학의 힘은 아무리 많아도 좋으나, 인류 전체로 보면 현재의 자연과학만 가지고도 편안히 살아가기에 넉넉하다 .

Korea Story
for those who wish to enrich their lives

As the preface to the series, Korea Story, I would like to quote an excerpt of 'the country I want' from *My Wish** by Kim, Gu.**

I want my mother country to be the most beautiful one in the world. I do not want my country to be the strongest one though. Since I was heartbroken to see the other nations plundering my country, I do not wish my country to plunder others. I will be satisfied as long as my country's wealth sustains my people's quality of life, and its military power is strong enough to defend my people from aggressor nations. My only wish is that my country will sustain a noble culture, since it will give happiness not only to us Koreans but also to others. What humankind needs now is neither military nor economic power. The more advanced the scientific knowledge is, the more beneficial it is. However, the current science is enough to sustain a comfortable life for mankind.

아름다운 꿈을 가꾸는 사람들을 위한 코리아 스토리

인류가 현재에 불행한 근본 이유는 인의가 부족하고 자비가 부족하고, 사랑이 부족한 때문이다. 이 마음만 발달이 되면 현재의 물질력으로 20억이 다 편안히 살아갈 수 있을 것이다. 인류의 이 정신을 배양하는 것은 오직 문화이다. 나는 우리나라가 남의 것을 모방하는 나라가 되지 말고, 이러한 높고 새로운 문화의 근원이 되고, 목표가 되고, 모범이 되기를 원한다. 그래서 진정한 세계의 평화가 우리나라에서, 우리나라로 말미암아서 세계에 실현되기를 원한다.

***김구** 독립운동가(1876~1949). 대한민국 상해 임시정부 주석을 지낸 민족 지도자.

****나의 소원** 김구 선생의 《백범일지》에 나오는 저자의 철학적 사상과 민족의 나아갈 길을 밝힌 글. (1947년 12월 15일 《백범일지》 초간본 발행)

The fundamental reason why people are unhappy now is that they lack righteousness, mercy and love. If these virtues are nurtured, the two billion people on the Earth will live in happiness and comfort. Nothing but culture can cultivate these virtues for mankind. That is why I want my country to be a source and a goal as well as a model of a noble culture, instead of imitating other countries. Finally, I hope that the world peace will spring from my country and spread throughout the world by my country.

***My Wish** One of essays in «Baek Buhm Diary» in which Kim, Gu introduces his philosophy and the path that he believes Koreans should follow. (The first edition was printed in December 15th 1947.)
****Kim, Gu** (1876-1949). The member of Korean Independence Movement. The President of the Provisional Government in Shanghai.

차례

Appendix

코리아 스토리 제1권 《한글》을 펴내며

책을 펴내는 일은 문자가 있어야 가능한 일입니다.

한국 사람으로서, 한글을 제대로 알지 못한 채 책을 펴내는 일을 한다면 그 소임을 다할 수 없다고 믿고 있습니다. 그래서 우리나라 대한민국을 알리는 첫 번째 책으로 한글을 선택하였습니다.

얼마 전 '가장 내세울 만한 우리나라의 문화유산이 무엇일까'라는 설문조사에서 가장 많은 사람들이 한글을 꼽은 것을 보면 한글은 온 국민이 전 세계에 자랑할 수 있는 으뜸가는 우리의 문화유산입니다.

그렇지만 한글이 어떤 철학과 원리에 의해 만들어졌는지, 또 한글의 과학성과 우수성이 어디에 있는지 정확하게 알고 있는 한국 사람들이 많지 않은 것이 현실입니다. 따라서 외국인들에게 한글의 우수성을 알리고 싶어도 제대로 설명할 수 없는 경우가 많습니다.

이것은 우선 한글에 대해 알 수 있는 기회가 많지 않고 스스로 알아보려 하여도 읽을 만한 좋은 책을

Preface to the first volume of Korea Story « Hangeul »

It is possible to publish a book only when we have letters.

I firmly believe that whoever publishes books in the Korean alphabet, Hangeul should know well about Hangeul to fulfill his/her duties. That is why Hangeul was chosen as the theme of the first book of the series, Korea Story.

The majority of Korean people believe that Hangeul is the most outstanding items of Korean cultural heritage according to the previous survey of Korean culture on general population.

However, there are not so many Koreans who know the basic philosophy and principles for the Hangeul invention as well as the scientific excellence of Hangeul. Thus, it has been difficult for Koreans to inform others of the Hangeul's greatness.

This situation has been caused by the limited opportunities to learn about Hangeul as well as the lack of the instructive books that are easy to

쉽게 접할 수 없어서 이기도 합니다. 이런 형편은 전 세계에 우리 문화를 알리려는 사람이나 한국을 알고자 하는 외국인이 공통적으로 부딪히는 문제입니다.

이 책은 대한민국의 나라글 한글에 대해 알아두어야 할 내용을 중심으로 한글의 창제 원리를 바탕으로 묻고 답하기 식으로 꾸며져 있습니다.

이 책을 만드는데 있어 한글에 대한 사랑으로 기꺼이 자문역을 맡아주신 한글연구가 김명호(《한글을 만든 원리》 저) 선생님과 워싱턴대학교의 한국학과 김수희 교수님 및 에밀리 커티스 교수님께 감사드립니다.

2006년은 세종대왕께서 훈민정음을 만드신지 560돌이 되는 해입니다. 그리고 16년만에 한글날이 다시 국경일로 지정된 해이기도 합니다.

이 책이 전 세계에 한글을 알리는데 사용되고 한글을 배우려는 사람들에게도 좋은 자료가 되기를 진심으로 바랍니다.

read. Both Koreans who want to let the world know about Korean culture and foreigners who want to know more about Korea have experienced the same problems.

This book focuses on what we all should know about Hangeul in the form of questions and answers to explain the basic principles of Hangeul. Furthermore, we have made this English translation available for foreigners.

We would like to thank Mr. Myungho Kim, a Hangeul scholar (the author of «Principles of Hangeul Invention»), professors Soohee Kim and Emily Curtis in Washington University.

It is the 560th year since King Sejong invented Hangeul, and the 16th year since Hangeul Day was remade a national holiday.

It is to be desired that this book becomes a reference for Koreans to get better and more precise knowledge on Hangeul and for whomever to learn Hangeul. Moreover, we deeply hope that Hangeul is known to all over the world.

세계 주요 문자의 발생 Development of the world's leading characters

그림 문자가 새겨진 조약돌
Pictographs carved in stones

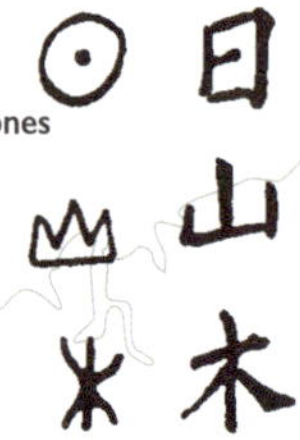

중국한자
Chinese characters

이집트 상형문자
Egyptian hieroglyphics

페니키아 쐐기문자
Pheonician cuneiform characters

라틴어
Latin characters

아즈텍문자 Aztecan glyphs

마야문자 Mayan glyphs

롱고롱고문자
Rongorongo

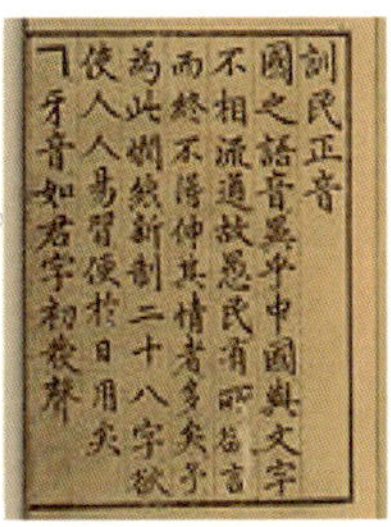

훈민정음
Hunminjeongeum

스웨덴의 동굴벽화
Cave painting in Sweden

01 한국에 사는 사람들은 현재 어떤 글자를 사용할까요?

한국에서 현재 사용하는 글자는 '한글'입니다.

지리적으로 한국과 아주 가까운 중국에서는 간자를, 일본에서는 히라가나, 가타가나, 간지 세 개의 글자를 혼용하고 있습니다. 조금 멀리 떨어져 있는 필리핀에서는 고유문자인 베이베이인과 로마자알파벳을 혼용하고, 인도에서는 데바나가리문자, 벵골문자 등 부족에 따라 여러 글자를 사용합니다.

하지만 한국에서는 중국이나 일본의 한자나 히라가나, 가타가나 등과 전혀 다른 고유의 글자인 한글을 사용하고 있습니다.

한글	**코카콜라**
영어	**Coca Cola [koukə koulə]**
일어	**コカコーラ**(코카코라)
중국어	**可口可乐**(커커우컬러)

What kind of letters do the people in Korea use today?

Koreans use an alphabet called Hangeul.

China and Japan are located geographically close to Korea. In China, they use Chinese characters, while Japanese use hiragana, katakana, and kanji. In Philippine, slightly far away from Korea, they use both their native characters, Baybayin and the Roman alphabet that is used for English. In India, they use Devanagari and Bengalese depending on tribes.

But in Korea, Hangeul which is totally independent from Chinese or Japanese characters is used.

Hangeul	코카콜라
English, Roman alphabet	Coca Cola [koukəkoulə]
Japanese, katakana	コカコーラ
Mandarin, Chinese characters	可口可乐

02 한국에서는 어떻게 고유의 글자인 한글을 사용하게 되었을까요?

글자는 말을 글로 표시하기 위해 사용하는 부호입니다. 한때 유럽에서 라틴문자가 종족을 초월한 공용문자였던 것처럼 동아시아에서는 오랫동안 중국의 글자인 한자를 사용해 왔습니다. 우리의 조상들도 한글이 만들어지기 전에는 한자를 사용했었습니다.

글자가 있는 곳에서는 글을 만들어 문자 생활을 하게 됩니다. 말로 의사소통이 되는 동안에는 평소에 공기의 중요성을 잊고 살듯이 글의 중요성을 충분히 느끼지 못합니다. 그런데 사용하는 말을 표기할 수 있는 적당한 글자가 없으면 사회가 발달하여 점점 복잡해짐에 따라 여러 가지 어려움을 많이 겪게 됩니다.

말이 비슷하면 같은 글자를 사용할 수도 있었겠지만 중국말과 한국말은 전혀 달라 한국말을 한자로 표기하는 데에는 어려움이 매우 컸습니다. 다시 말해 우리말과 한자 사이에는 엄청난 차이가 있어 우리말과 한자가 서로 연결되지 못하고 따로 노는 상황이 벌어지게 된 것입니다.

How is it that the Koreans came to use their own letter, Hangeul?

Letters are used to write down the spoken words. Just like the Roman alphabet was once used commonly in Europe regardless of race or nation, Chinese characters had been widely used in Asia for a long time. Our Korean ancestors had used Chinese characters as well until Hangeul was invented.

Once the letters exist, the spoken words can be written down. Just as we forget the importance of air we breathe, it is difficult to be fully aware of the significance of the letters when we can communicate with each other through the spoken words. But in the absence of letters to express spoken words, we would encounter many difficulties as a society develops and gets more complex.

When two languages are similar, the same character can be used to write both languages. But it was very difficult to write down Korean speech using Chinese characters, because the Korean language was completely different from the Chinese language.

The ancient Koreans, mainly of aristocratic class put

우리 조상들은 문자 생활을 하기 위해 한자와 한문을 익히느라 많은 노력을 기울여야만 했습니다. 그런가 하면 한자를 모르는 일반 백성들은 글을 몰라 억울한 일을 당하기 일쑤였습니다. 이런 문제점에 대한 인식이 위대한 문자인 한글의 창제로 이어지게 된 것입니다.

much effort into learning Chinese characters to express themselves. Meanwhile ordinary people had no chance to learn to read or write Chinese characters, and this put them at a disadvantage in many ways. Recognition of such problems led to the creation of Hangeul.

03 현재 한국 사람들이 사용하는 글자인 한글은 어떻게 생기게 된 것인가요?

문자의 생성을 살펴보면 현재 사용하고 있는 지구상의 글자는 대부분이 그림문자에 뿌리를 두고 있습니다. 그러나 한글은 아주 오래 전에 뚜렷한 목적에 따라 한 사람에 의해 새로 만들어진 글자입니다.

선사 시대 우리 인류의 조상들은 원시적인 방법으로 서로 전달하고자 하는 생각, 즉 정보를 보존했습니다. 줄로 매듭을 짓거나 동굴 벽이나 바위 같은 곳에 무늬를 새기거나 그림을 그려 생각을 보존했습니다. 이러한 그림이 점차 그림문자가 되고 더 나아가 모양을 본떠 만든 상형문자가 되었습니다.

현재의 알파벳은 소리글자인데 발달 과정을 보면 상형문자에 뿌리를 두고 있습니다. 알파벳 'O'의 이전 모양은 눈을 나타내는 ''이었고 'P'의 이전 모양은 입을 나타내는 ''였습니다.

또한 알파벳은 이집트 문자에서 시작하여 시나이, 셈, 페니키아, 그리스를 거쳐 로마알파벳이 되었습니다.

알파벳은 처음에는 뜻글자로 시작하여 현재의 소리글자가

How was the Korean alphabet, Hangeul invented?

When we observe the process of how writing systems from around the world were formed, we find almost all of them having their foundation in pictographs. But Hangeul is the one of alphabets invented by one man for a distinct purpose.

In the prehistoric age, mankind exchanged and recorded information using primitive methods, such as making a knot with a rope or painting a mural on cave walls or rocks. Such murals gradually became pictorial symbols, and finally turned into pictographs and hieroglyphics.

The Roman alphabet is a set of letters that represent sounds, but was originally based on pictographs. The historical shape of the letter 'O' was '' resembling the shape of the eye, while the shape of 'P' used to be '' showing the shape of the mouth.

After being adopted in Egypt, the alphabet passed through Sinai, Sem, Phoenicia, Greece, and finally became the Roman alphabet, undergoing changes through

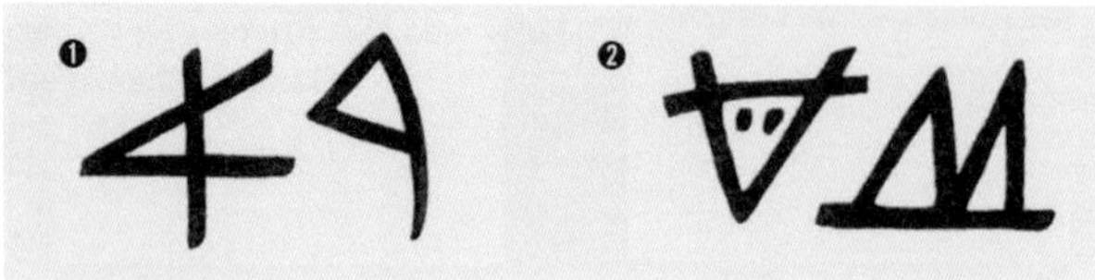

되기까지 많은 변천과정을 거쳤습니다. 알파벳의 'A'는 소를 의미하는 'alphe'였다가 이후 오랫동안 복잡한 과정을 거쳐 뜻은 없어지고 'A'라는 글자와 그 소리만 남아 오늘날의 소리글자가 된 것입니다.

중국 글자는 상형문자가 발전된 대표적인 글자입니다. 중국의 상형문자는 오랜 시간과 여러 과정을 거치면서 수만 개의 글자로 만들어졌고 각 글자마다 다른 뜻을 나타내는 '뜻글자'로 남아 있습니다.

일본에서는 오랫동안 한자가 사용되었는데, 9세기경부터 한자를 간략하게 줄여서 '가나'라는 이름의 일본 문자를 만들어 사용하였습니다.

한글은 뜻이나 모양을 나타내는 글자가 아니고 체계적으로 만들어진 한국말의 소리를 나타내는 소리글자입니다.

❶ 페니키언 알파벳(B.C 1000) Phoenican alphabet
❷ 초기의 그림 문자(B.C 1600) Early pictograph
❸ 알파벳(B.C 900) Alphabet

time and each culture's usage. In the Roman alphabet, the letter 'A' used to be 'alphe' which meant an ox, but its original meaning was lost later and only remained the letter 'A' that stands for the first sound of the word.

Chinese characters that included tens of thousands of pictographic letters have remained an ideograph, each expressing its own meaning, after the system has developed to be much more complex and scientific.

In Japan, Chinese characters had been used for an extended period of time. Around the 9th century, however, the Japanese developed their own set of letters, called 'kana' which is used with Chinese characters.

Hangeul is neither a pictograph nor an ideograph, but was created as a simple and reasoned alphabet to represent the sounds of the Korean language.

04 한글은 언제, 누가 만들었나요?

한글은 조선왕조의 네 번째 임금인 세종대왕(1397-1450)에 의해 재위 25년인 1443년 12월에 만들어졌습니다.

당시 세종대왕은 이 문자에 훈(가르치는) 민(백성) 정(바른) 음(소리)이라는 이름을 붙였습니다. 이러한 사실은 《세종실록》에 다음과 같이 기록되어 있습니다.

"이 달에 임금께서 친히 언문 스물여덟 자를 만드시니 그 글자의 모양이 고전을 닮았고 초성, 중성, 종성으로 나뉘는데 이 세 개가 합해져 글자가 된다. 중국 문자의 음과 우리말 모두를 이 글로 적을 수 있다. 글자가 간단하면서도 요긴하여 얼마든지 전환할 수 있다. 이를 훈민정음이라고 이른다." (《세종실록》 권 102 계해년, 세종 25년 12월)

어떤 사람들은 그 옛날에는 신하들이 한 일이라도 왕의 업적으로 돌리는 것이 관례였기 때문에 이러한 기록이 남게 된 것이라고 생각할지 모릅니다.

When was Hangeul invented, and by whom?

Hangeul was created by King Sejong (1397-1450) of Chosun Dynasty in the 25th year of his reign, December 1443.

At that time, King Sejong named his creation 'Hun (enlightening) - Min (people) - Jeong (correct) - Eum (sound)'. These facts are recorded in detail in «Sejong Chronicles» as follows:

"In this month, His Majesty created 28 letters himself, and the shape of each letter resembles old seal. They consist of three parts, the letters for beginning, middle, and ending sounds. Both the Chinese and Korean languages can be written down with these letters. The letters are so simple and useful to write, as to be always convertible. It would be called Hunminjeongeum." («Sejong Chornicles», Book 102, December the 25th year of King Sejong's reign)

One might think that the reason why the chronicle left

그러나 《세종실록》을 다 뒤져보아도 세종대에 이루어진 많은 업적 가운데 왕께서 직접 만들었다는 표현을 쓴 것은 훈민정음이 유일합니다. 〈어제서문〉에 이렇게 나와 있습니다.

"내가 이를 가엾게 여겨 새로 스물여덟 자를 만들었다…."

세종대왕께서 신하를 시켜서 했던 일은 분명히 누구를 시켜서 했다고 기록되어 있습니다. 세종이 직접 했다고 쓴 것은 훈민정음 창제뿐입니다. 이런 기록은 세종대왕께서 직접 훈민정음을 만들었음을 보여주는 것입니다.

지금부터는 한글과 훈민정음이라는 이름을 함께 쓰겠습니다.

세종대왕어진(김학수 作)
A portrait of King Sejong
(by Haksoo Kim)

out the name of real inventor of Hangeul is that it was common to pass the vassal's accomplishments on to the king at that time.

However, the chronicle uses the expression, 'His Majesty created himself' only concerning the invention of Hangeul among the numerous accomplishments during the period of King Sejong's reign. According to Uhjae Suhmoon*, the King says,

"I felt sorry for this, so I have created 28 new letters myself···."

The chronicle precisely records the names of all participants in the projects that King Sejong assigned. The only accomplishment that King Sejong himself participated in was the creation of Hunminjeongeum. All these records and evidences prove that King Sejong made Hunminjeongeum himself.

From now on, Hangeul and Hunminjeongeum will be used interchangeably.

***Uhjae Suhmoon** The preface to Hunminjeongeum written by King Sejong.

세종대왕이 훈민정음을 만드신 까닭은 무엇인가요?

세종대왕께서 훈민정음을 창제하신 목적은 대왕께서 직접 쓰신 〈어제서문〉에 잘 나타나 있습니다.

“우리는 지금까지 우리글이 없으므로 중국 글을 쓰고 있다. 그러나 우리말이 중국말과 달라 중국 글과 서로 통하지 않는다. 그러므로 백성들이 말하고자 하는 바가 있어도 제뜻

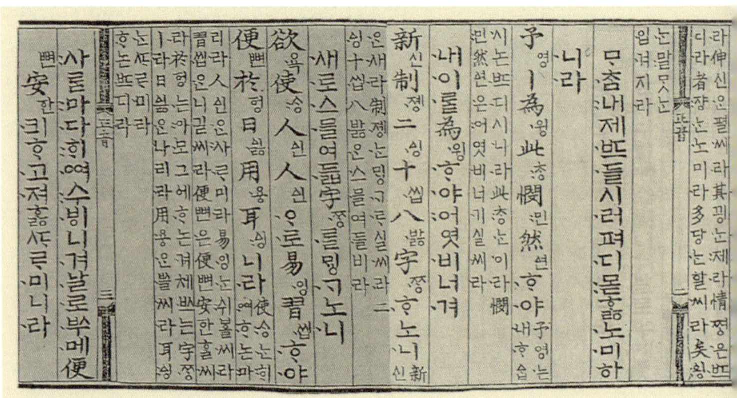

The purpose of the invention of Hunminjeongeum is well described in Uhjae Suhmoon which was written by King Sejong himself.

"We have not had our own letters until now, so we use Chinese characters. But it cannot be well expressed in Chinese characters, because our spoken language is

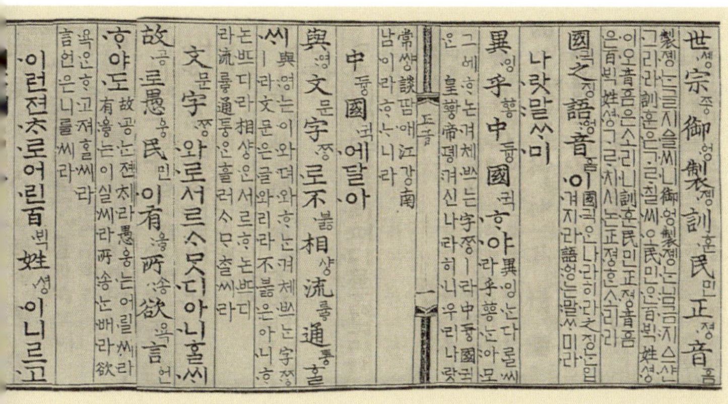

어제서문 **Uhjae Suhmoon**

을 쉽게 펴지 못하는 사람이 많다. 내가 이를 가엾게 여겨 새로 스물여덟 글자를 만들고 '훈민정음'이라 부르겠다. 이는 사람들로 하여금 쉽게 익혀서 날마다 쓰는데 편하게 하기 위한 것이다."

여기에서 알 수 있듯이 우리말의 구조와 음운체계에 알맞은 문자를 마련해야겠다는 주체사상과 모든 백성들에게 문자 이용의 혜택을 골고루 누리게 해야겠다는 민본, 민주사상과 실용주의 사상이 한글 창제의 토대가 된 것입니다.

completely different from that of China. Some of my people cannot properly express what they think in writing. I feel sorry for this, so I have created 28 new letters myself and name them 'Hunminjeongeum'. My people shall be able to learn them quickly and to use them every day."

From the above excerpt, we can see that Hunminjeongeum was created on the basis of the King Sejong's philosophy including independence from Chinese characters, pragmatic lines of thoughts, and democratic ideas for all people.

06

훈민정음은 어떤 뜻을 가지고 있나요?

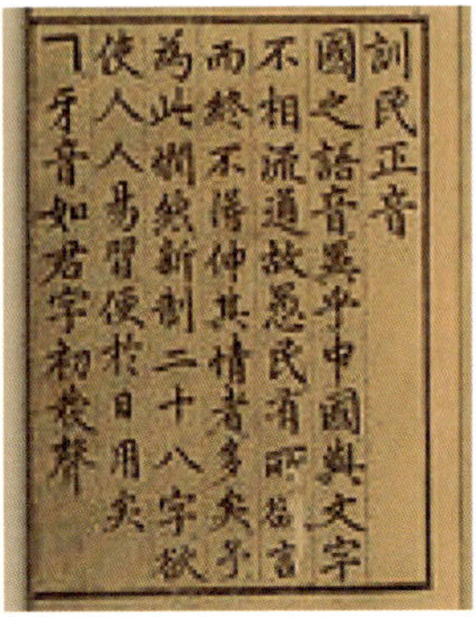
訓民正音
國之語音異乎中國與文字
不相流通故愚民有所欲言
而終不得伸其情者多矣予
爲此憫然新制二十八字欲
使人人易習便於日用矣
ㄱ牙音如君字初發聲

《훈민정음》

훈민정음은 두 가지를 의미합니다.

첫 번째는 세종대왕께서 창제한 글자의 이름으로 그 뜻은 '백성을 가르치는 바른 소리(글)'입니다.

두 번째는 책의 제목입니다. 훈민정음 글자를 직접 만드신 세종대왕께서 집현전 학자들에게 훈민정음을 만든 원리와 사용법을 연구하여 상세하게 해례를 붙여 많은 사람들이 배울 수 있도록 하라고 명을 내리셨습니다. 이러한 세종대왕의 명을 받들어 글자가 만들어진 지 3년이 지난 1446년 9월 상순에 집현전* 학자들이 펴 낸 책이 바로 《훈민정음》입니다.(이처럼 글자 창제의 목적과 원리 그리고 사용법을 설명한 책이 따로 출간된 경우도 전 세계적으로 유일합니다.)

* **집현전** 조선시대의 국립인문연구소

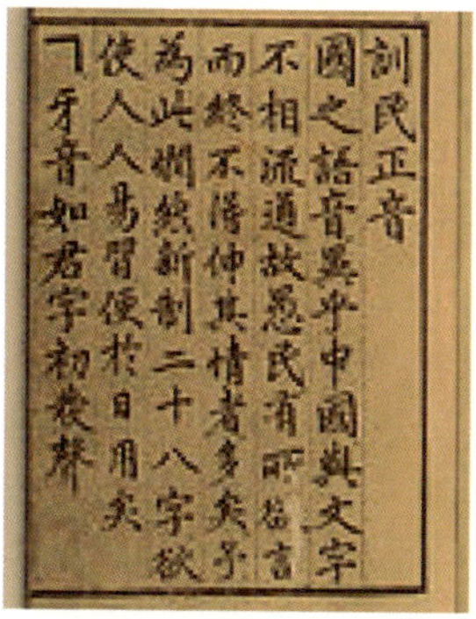
訓民正音
國之語音異乎中國與文字
不相流通故愚民有所欲言
而終不得伸其情者多矣予
爲此憫然新制二十八字欲
使人人易習便於日用矣
ㄱ牙音如君字初發聲

« Hunminjeongeum »

Hunminjeongeum refers to two different things.

First, it is the name of the letters that King Sejong created.

Second, it is the title of a book. After creating Hangeul himself, King Sejong ordered the scholars of Jiphyeonjeon* to write a thorough explanation of the basic principles and instructions in writing Hangeul for the people to learn. Following the King's order, the scholars published a book in early September 1446, when was three years after the creation of Hangeul, and named it «Hunminjeongeum». (It is unique in the world history that a book was published to explain the purpose, principles and instructions of a newly created character.)

***Jiphyeonjeon** National Academic Institute of Chosun Dynasty.

그런데 불행하게도 이《훈민정음》의 존재는 기록에만 있었을 뿐 실제로 책이 한 권도 전해지지 않았습니다. 그러다가 1940년 경상도 안동의 한 민가에서《훈민정음》한 권이 처음 발견되었습니다. 이 책이 발간된 지 500년이 다 되어서 다시 세상에 나타난 것입니다. 이 책은 서울에 있는 간송미술관에 소장되어 있습니다.《훈민정음》은 1964년에 국보 70호로 지정되었으며, 1997년 10월 유네스코 세계기록유산으로 등재되었습니다.

Unfortunately the existence of the book «Hunminjeongeum» was only known about through the records. It wasn't until 1940 that the actual book was discovered by an art collector at a private house in Andong, Gyeongsangbuk-do. The book finally came out of the darkness for the first time nearly 500 years after. The book is now owned by Gansong Museum in Seoul. «Hunminjeongeum» was listed as National Treasure of Korea No. 70 in 1964 and was registered as a memory of world heritage by UNESCO in 1997.

07 세종대왕은 훈민정음을 어떤 이치에 따라 만든 것인가요?

훈민정음을 만든 근본이치는 음양오행이었습니다. 이런 사실은《훈민정음》에 다음과 같이 잘 나와 있습니다.

"천지의 이치는 오직 음양오행일 뿐이다. 그러므로 사람의 말소리에는 음양의 이치가 모두 갖추어져 있는데 옛 사람들이 이를 살피지 못하였다. 이제 단지 그 말소리에 들어 있는 이치를 극진히 하였을 뿐이다."

"천지자연의 소리가 있으면 반드시 천지자연의 글이 있어야 한다."

"천지 사이에 있는 만물에는 제각기 모양과 소리가 있는데 근본은 둘이 아니므로 이치가 통한다."

위의 세 문장을 찬찬히 음미해 봅시다. 천지 사이에 있는 모든 것은 소리와 모양을 가지고 있는데 사람도 천지 사이에 있으므로 말소리를 가지고 있습니다.

What principles did King Sejong follow when he invented Hunminjeongeum?

The fundamental principle of Hunminjeongeum was the Yin-Yang and the Five Elements, which is well expressed in «Huminjeongeum».

"The fundamental principle that governs the universe is the Yin-Yang and the Five Elements. It exists in the speech of mankind, but the ancient people failed to recognize it. We now become to deeply pursuit the principle that is involved in the human speech."

"Since there is a sound in the universe, there should be a corresponding character as well."

"All things in the universe have their own shapes and sounds, thus the only fundamental principle is also applied to them."

Now let us grasp the meaning of the above three quotes. All things in the universe have their own shapes and sounds, so mankind living in the universe has its own sound.

사람의 말소리를 나타내기 위해 글자를 만드는 것이므로 글자를 만들 때에는 말소리에 담긴 이치를 따르면 됩니다. 사람의 말소리에는 천지의 이치가 모두 갖추어져 있지만 사람들이 그 이치를 자세히 살피지 않고 있었던 것입니다. 그런데 세종대왕께서 한글을 만들 당시에는 천지만물의 이치는 음양오행이라고 생각했었습니다. 따라서 글자를 만들 때에도 음양오행을 따랐던 것입니다.

Since the letters are invented to express a man's speech, they should follow the principles of the universe. At the time when King Sejong created Hangeul, the principle of the universe was believed to be the Yin-Yang and the Five Elements. Therefore, Hangeul was created based on the principle of the Yin-Yang and the Five Elements.

08 훈민정음을 만들 때 원리로 삼은 음양오행이란 무엇인가요?

음양오행은 고대로부터 근대까지 동아시아 문화전반에 깔려 있었던 우주와 인생을 바라보는 일종의 사유의 틀입니다. 관념이나 철학이라기보다는 자연 현상 그 자체를 그대로 반영하면서 우주 만물의 운동 법칙을 설명하려는 생각의 방식이라고 보면 됩니다. 지금처럼 지구가 일정한 주기로 스스로 회전하면서 태양을 중심으로 돌고 있다는 사실을 알지 못했던 그 옛날, 하루를 기본으로 낮과 밤이 바뀌는 현상(음양운동)과 한 해를 주기로 계절이 바뀌는 현상(오행운동)을 보면서 체득한 원리입니다. 오늘날의 과학지식으로 설명하자면 지구의 자전과 공전이 우리의 삶에 가장 크게 영향을 미치는 것으로 생각했던 것입니다.

지구가 자전운동을 하기 때문에 우리는 매일매일 낮과 밤을 맞이합니다.

낮에 일어나는 자연현상들의 속성을 양이라 하고 밤에 일어나는 자연현상들의 속성을 음이라고 합니다. 사람도, 사람의 삶도, 말소리도 모두 이 자연현상에 속합니다.

What are the Yin-Yang and the Five Elements that were the basis for the invention of Hunminjeongeum?

The Yin-Yang and the Five Elements have been the frame of explaining all the phenomena of life and universe in Eastern Asia since the ancient times. It was a way of thinking to explain mechanisms and logistics of everything in the universe rather than a philosophy or concept. People in the ancient times were not aware that the earth rotates on its axis and revolves around the sun on a regular basis, but they recognized the principles of life and the universe by observing the change of day into night (the Yin-Yang) and the change of seasons (the Five Elements). In terms of today's science, the rotation and the revolution of the earth were regarded as the greatest influences on our lives.

Because of the rotation of the earth on its axis, we have day and night every day.

The property of natural phenomena during the day is called Yang, while that of the night time is called Yin. Human beings, their lives, and their speech are all included in those natural phenomena.

양	음
낮	밤
밝다	어둡다
따뜻하다	서늘하다
가볍다	무겁다
올라간다	내려간다
팽창한다	수축한다
남자	여자

지구의 자전이 음과 양을 만드는 기본이듯이 지구의 공전은 순환운동을 통해 우리에게 속성이 다른 계절을 만들어 줍니다. 일년 안에는 봄, 여름, 가을, 겨울이 있고, 양에서 음으로 바뀌는 중요한 시기인 늦여름이 있습니다. 각 계절의 특징을 살펴봅시다.

봄은 새 생명이 태어나는 계절입니다. 겨울잠을 자던 동물들도 밖으로 나오고, 얼었던 땅 속에서 조그만 새싹이 흙과 돌 사이를 뚫고 파릇파릇 올라옵니다. 어린 풀과 연두색 나뭇잎과 물오른 나무가 봄을 알립니다. 봄의 작용은 생명이 태어나는 것이고, 봄의 상징은 '나무'입니다.

*봄과 여름은 양에 속하고 가을과 겨울은 음에 속한다.

Yang	Yin
Day	Night
Brightness	Darkness
Warm	Cool
Light	Heavy
Ascending	Descending
Expanding	Contracting
Male	Female

While the rotation of the earth is the basis for the Yin-Yang, the revolution of the earth around the sun generates the seasons with their different properties. Each year consists of spring, summer, fall, winter, and late summer which is considered a critical time when Yang turns into Yin*. Now let us briefly examine the characteristics of each season.

Spring is the season when new lives are born. Animals in hibernation wake up, and sprouts emerge from the frozen ground, penetrating the soil and stones. Young grasses, green leaves, and rejuvenated trees show that spring has come. Spring brings newborn lives, and its symbol is a tree.

*Spring and summer is included in Yang, and fall and winter is in Yin

여름은 생명이 활발하게 자라는 계절입니다. 나뭇잎이 무성해지고 나무가 쑥쑥 자라며, 날벌레가 떼를 지어 날고 열기가 확확 달아오릅니다. 나무를 쌓아놓고 불을 피워 불길이 솟아오르는 느낌이 듭니다. 여름의 작용은 성장하는 것이고, 여름의 상징은 '불'입니다.

늦여름은 무더위가 꺾이는 때입니다. 한없이 성장할 것 같더니 더 이상 자라지 않습니다. 성장은 멈추고 변화가 일어납니다. 흙속에서 활발한 변화가 일어납니다. 헤아릴 수 없이 많은 작은 생명체들이 흙속에서 변화를 일으킵니다. 늦여름의 작용은 변화하는 것이고, 늦여름의 상징은 '흙' 입니다.

가을은 생명활동이 열매를 맺는 계절입니다. 곡식과 과일이 영글어서 완성된 생명의 모습과 빛깔을 제각기 드러냅니다. 사람들은 황금 들녘에서 땀 흘린 보람을 추수합니다. 나무는 잎으로부터 생명을 거두어들여 속을 단단하게 합니다. 무르던 나이테도 가을에는 단단해집니다. 가을의 작용은 거두어들이는 것이고, 가을의 상징은 '쇠'입니다.

겨울은 생명을 저장하는 계절입니다. 나무는 잎을 떨구고 앙상한 가지로 추위를 견디면서 생명을 꼭꼭 간직합니다. 사람들도 활동을 줄이고 조용히 집안에서 새해를 준비합니다. 동지가 지나면서 밤이 줄어들긴 하지만 봄은 아직 멀리 있습

Summer is the season when life vigorously grows. Trees and their leaves become abundant, and bugs are active, flying in the hot air. It all feels like fire souring up from firewood. Summer brings growth, and its symbol is fire.

Late summer is the season when the hot weather starts to cool down. Growth which seemed to be endless stops and then active changes take place in the soil. Numerous minute lives bring about the changes. Late summer brings changes, and its symbol is soil

Fall is the season when life's activity is brought to fruition. Grains and fruits ripen with their completed shapes and colors. People harvest the results of their efforts in the golden fields. Trees take back the energy from their leaves, making themselves stout for winter. Trees' annual rings are hardened in the fall. Fall brings the harvest, and its symbol is metal.

Winter is the season when life is preserved. Trees drop their leaves, and store their lives only within their branches and twigs in the cold weather. People also reduce their activities and prepare for a new year quietly. Although the length of the night shortens after winter solstice, spring is still far away. Life inside firm seeds quietly waits for coming spring. White snow heaped up

니다. 단단한 씨 안에 저장된 생명은 돌아올 봄을 조용히 기다립니다. 소복이 쌓인 흰 눈이 저장된 생명들을 포근하게 덮어줍니다. 모든 생명은 물에서 태어납니다. 생명의 저장에 가장 중요한 것은 물입니다. 겨울의 작용은 저장하는 것이고, 겨울의 상징은 '물'입니다.

이 다섯 계절이 운행하는 특성을 상징으로 나타낸 것이 오행이며 요약하면 다음 그림과 같습니다.

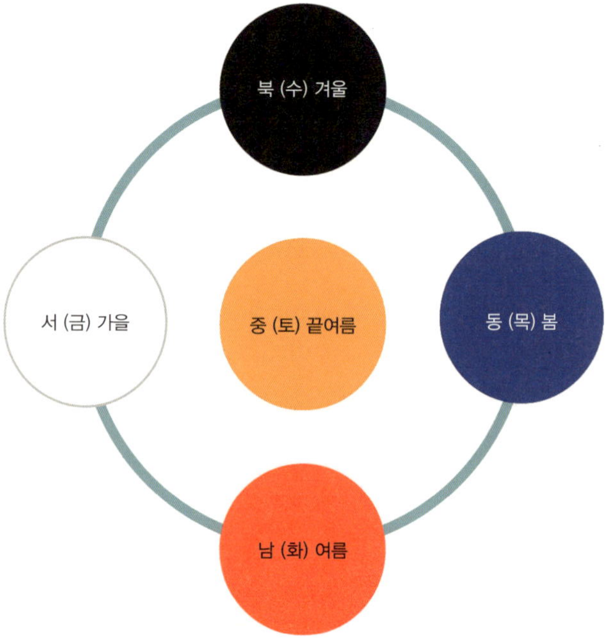

on the ground covers the preserved lives. All living things are born from water, and the most important factor for preserving life is water. Winter is for preservation of life, and its symbol is water.

The Five Elements symbolize the cycle of the five seasons as follows:

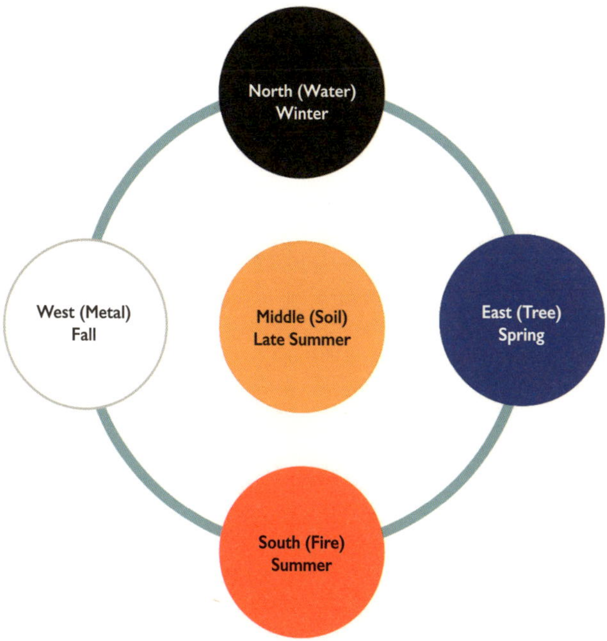

09

음양오행의 이치는 훈민정음을 만드는데 어떻게 적용되었나요?

훈민정음의 소리는 물론 글자모양에 음양오행의 원리가 적용됩니다. 그중에서도 모음에는 음양의 원리가, 자음에는 오행의 원리가 담겨 있습니다.

1_모음에 들어 있는 음양원리

우선 입을 다물고 있으면 소리를 낼 수 없으나 입을 벌리면 소리가 납니다. 이때 혀를 별로 움직이지 않은 중간 위치에 두고 입을 벌리면 가장 편안하게 말소리를 낼 수 있습니다.

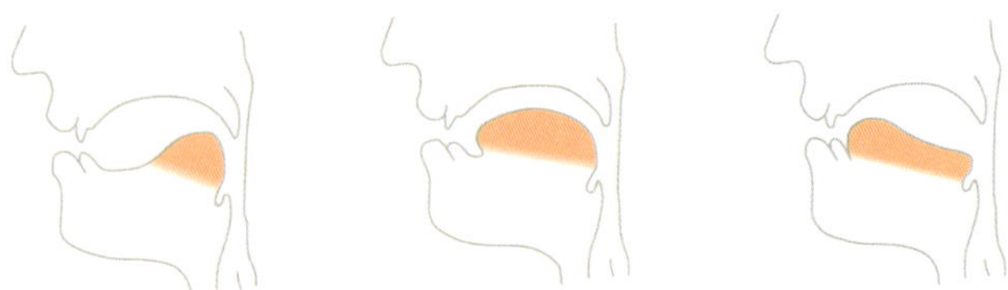

하늘소리(기본안쪽소리) 땅소리(기본소리) 사람소리 (기본바깥소리)

Both the sounds of Korean language and the shapes of the Korean characters are based on the principle of the Yin-Yang and the Five Elements; the Yin-Yang in the vowels and the Five Elements in consonants.

I_The Yin-Yang in the Vowels of Korean

The vowel sounds cannot be generated when the mouth is completely **closed**, but can be made only when the mouth is **opened**. Once the mouth is opened with the tongue in the middle of the mouth, the vowel sounds are made most comfortably.

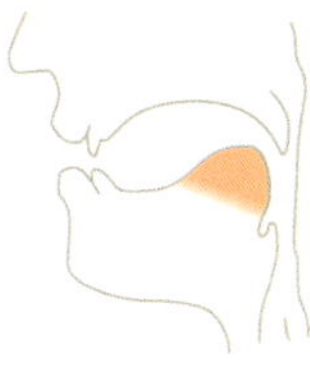

sky sound
(basic inward sound)

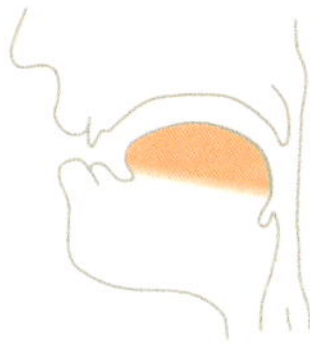

earth sound
(basic sound)

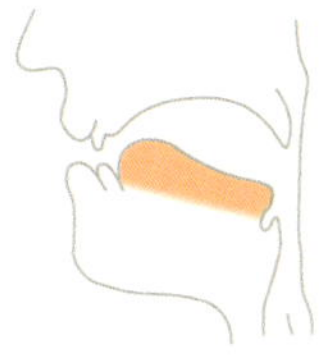

human sound
(basic outward sound)

이 상태를 기본으로 해서 혀를 목구멍 쪽으로 더 옴츠리거나 입 바깥쪽으로 펴서 이에 닿도록 하면 모두 세 종류의 모음을 내게 됩니다. 이 세 소리를 낼 때의 혀의 위치와 소리의 깊이에 따라 순서를 정할 수 있는데 이 순서와 자연을 이루는 하늘, 땅, 사람의 순서를 맞추어 보면 앞의 그림과 같습니다.

그 다음에는 하늘소리와 땅소리와 사람소리가 만나서 이루어진 소리를 표시할 때에도 음양의 원칙이 적용되었습니다. 즉 음양의 원리에 따라 혀를 옴츠리거나 펴고, 입을 오므리거나 벌릴 때 나는 소리를 짝으로 엮어 모음을 만들었습니다.

모음기호를 만들 때에도 위와 아래, 오른쪽과 왼쪽의 짝을 맞추어 기호를 만들었습니다. 기본 모음 '• ㅡ ㅣ'가 어울려 어떻게 더 많은 모음이 만들어졌으며 이때 음양의 원칙이 어떻게 적용되었는지 살펴보겠습니다.

하늘소리가 땅소리와 만나서 'ᆢ'가 되었습니다. 하늘소리 기호 '•'는 현재는 쓰이지 않고 짧은 선으로 바뀌었습니다. 따라서 'ᆢ'가 'ㅗ'로 되었습니다. 이 소리는 하늘소리의 혀 위치(안쪽)에서 입을 오므릴 때 나는 소리입니다. 'ㅗ'는 [o]와 비슷한 소리입니다(so[soul]).

With this position, one can generate three basic vowels by **retracting** one's tongue toward the throat or **stretching** it toward the teeth. The order of the basic vowels can be determined according to the location of the tongue and the depth of the sound. The relationship between this order and the components of nature, the sky, the earth, and the human, is shown in the diagram.

The Yin-Yang was applied to the vowel sounds that were made by combining the sounds of the sky, the earth and the human, because the vowel sounds are created by pairing sounds generated by retracting or stretching the tongue, and closing or opening the mouth.

The symbols of the vowels were made by putting the pair of top and bottom, and right and left together. Now let us see how the basic vowels '• ㅡ ㅣ' were put together to make more complicated vowel sounds, and how the Yin-Yang was applied to this process.

When the sky sound is combined with the earth sound, the symbol of the vowel becomes '•̲'. Today, '•' is turned into a short line. Thus, '•̲' became 'ㅗ'. This sound comes out when the mouth is closed with the tongue located in the sky sound way (inside). 'ㅗ' sounds similar to [o] (so [s**o**u]).

When the earth sound is combined with the sky sound,

땅소리가 하늘소리를 만나 '-•'가 되고 다시 'ㅜ'로 되었습니다. 이 소리는 땅소리의 혀 위치(가운데)에서 입을 오므릴 때 나는 소리입니다. 'ㅜ'는 [u]와 비슷한 소리입니다(so[sou]).

'ㅗ'와 'ㅜ'는 소리를 낼 때에는 '입술 오므림'을 공유하고, 기호로 쓸 때에는 'ㅡ'를 공유합니다. 'ㅗ'는 짧은 선이 위를 향하고 'ㅜ'는 짧은 선이 아래로 향해서 'ㅗ'와 'ㅜ'는 '위와 아래 ' 로 짝을 이룹니다.

하늘소리의 혀 위치(안쪽)에서 입을 벌릴 때 나는 소리가 'ㅣ•'가 되고 다시 'ㅏ'가 되었습니다. 'ㅏ'는 [a]와 비슷한 소리 입니다(about[əbaut]).

땅소리의 혀 위치(가운데)에서 입을 벌릴 때 나는 소리가 ' •ㅣ'가 되고 다시 'ㅓ'가 되었습니다. 'ㅓ'는 [ə]와 비슷한 소리 입니다(about[əbaut]).

'ㅏ'와 'ㅓ'는 소리를 낼 때에는 '입술 벌림'을 공유하고, 기호로 쓸 때에는 'ㅣ'를 공유합니다. 'ㅏ'는 짧은 선이 오른 쪽을 향하고 'ㅓ'는 짧은 선이 왼쪽을 향해서 'ㅏ'와 'ㅓ'는 '오른 쪽과 왼쪽'으로 짝을 이룹니다.

사람소리 'ㅣ'와 함께 'ㅗ' 소리를 내면 'ㅛ' 소리가 됩니다. 이 소리는 [jo]와 비슷한 소리입니다 .

the symbol of the vowel becomes ‘ㅡ̣’. Today, ‘ㅡ̣’ became ‘ㅜ’. This sound is generated when the mouth is closed with the tongue located in the earth sound way (middle). ‘ㅜ’ sounds similar to [u] (so[s**o**u])

Both ‘ㅗ’ and ‘ㅜ’ require one’s mouth to be closed when they are pronounced, and share ‘ㅡ’ when they are written. ‘ㅗ’ has upward vertical line, while ‘ㅜ’ has the downward vertical line. Thus, ‘ㅗ’ and ‘ㅜ’ make a pair as ‘top and bottom’.

The sound that comes out when the mouth is opened with the tongue located in the sky sound way becomes ‘ㅣ•’, and ‘ㅣ•’ became then ‘ㅏ’. ‘ㅏ’sounds similar to [a] (about [əb**a**ut]).

The sound that comes out when the mouth is opened with the tongue located in the earth sound way becomes ‘•ㅣ’, and ‘•ㅣ’ became then ‘ㅓ’. ‘ㅓ’sounds similar to [a] (about [**ə**baut]).

Both ‘ㅏ’ and ‘ㅓ’ require one’s mouth to be opened when they are pronounced, and share ‘ㅣ’ when they are written. ‘ㅏ’ has the horizontal line on the right, while ‘ㅓ’ has the horizontal line on the left. Thus ‘ㅏ’and ‘ㅓ’ make a pair as ‘left and right’.

When the human sound ‘ㅣ’ is combined with ‘ㅗ’ sound, the symbol of the vowel becomes ‘ㅛ’. ‘ㅛ’ sounds similar to [jo].

사람 소리 ‘ㅣ’와 함께 ‘ㅜ’ 소리를 내면 ‘ㅠ’소리가 됩니다. 이 소리는 [ju]와 비슷한 소리입니다.

‘ㅛ’와 ‘ㅠ’는 ‘ㅗ, ㅜ 짝’과 같이 ‘위와 아래’로 짝을 이룹니다.

사람 소리 ‘ㅣ’ 와 함께 ‘ㅏ’ 소리를 내면 ‘ㅑ’ 소리가 됩니다. 이 소리는 [ja]와 비슷한 소리입니다.

사람 소리 ‘ㅣ’ 와 함께 ‘ㅓ’ 소리를 내면 ‘ㅕ’ 소리가 됩니다. 이 소리는 [jə]와 비슷한 소리입니다.

‘ㅑ’와 ㅕ는 ‘ㅏ, ㅓ 짝’과 같이 ‘오른쪽과 왼쪽’으로 짝을 이룹니다.

ㅣ+ㅗ=ㅛ	[i]+[o]=[jo]
ㅣ+ㅜ=ㅠ	[i]+[u]=[ju]
ㅣ+ㅏ=ㅑ	[i]+[a]=[ja]
ㅣ+ㅓ=ㅕ	[i]+[ə]=[jə]

2_자음에 들어 있는 오행원리

자음이 만들어지는 위치를 살펴보면 가장 안쪽부터 ‘목구멍’ 그 다음에 있는 ‘어금니’, ‘혀’가 붙는 윗잇몸, 가장 바깥에

When the human sound 'ㅣ' is combined with 'ㅜ' sound, the symbol of the vowel becomes 'ㅠ'. 'ㅠ' sounds similar to [ju].

'ㅛ' and 'ㅠ' make a pair as 'top and bottom' 'just like 'ㅗ' and 'ㅜ' .

When the human sound 'ㅣ' is combined with 'ㅏ' sound, the symbol of the vowel becomes 'ㅑ'. 'ㅑ' sounds similar to [ja].

When the human sound 'ㅣ' is combined with 'ㅓ' sound, the symbol of the vowel becomes 'ㅕ'. 'ㅕ' sounds similar to [jə].

'ㅑ' and 'ㅕ' make a pair as 'left and right' just like 'ㅏ' and 'ㅓ'.

2_The Five Elements in the Consonants of Korean

Five sites are involved in the generation of the basic consonants; the throat at the most inside part, the molars, the tongue which attaches the palate, the lips at the most outside part, and the teeth at the inside again.

The positions of the vocal organs that matched with each season in the invention of Hunminjeongeum are summarized as follows.

The reason why such pairing is made is that the properties of each sound and each position of the vocal or-

있는 '입술' 그리고 다시 안쪽으로 '이'가 있습니다. 이렇게 소리를 내는 발성기관의 위치를 계절의 순서와 짝을 맞추어 보면 다음과 같습니다.

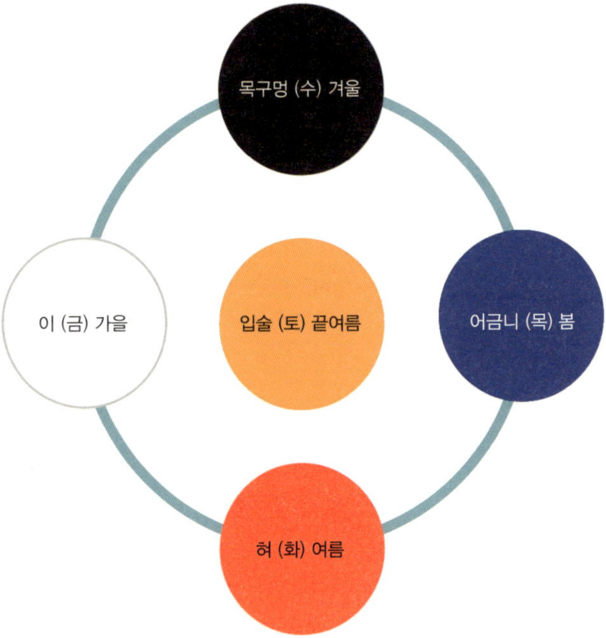

이렇게 짝을 지은 것은 각 소리의 특성과 소리가 나는데 가장 중요한 기관의 속성이 오행으로 보자면 계절의 특징과 정확하게 맞아떨어지기 때문입니다.

gans are matched up with those of each season as follows.

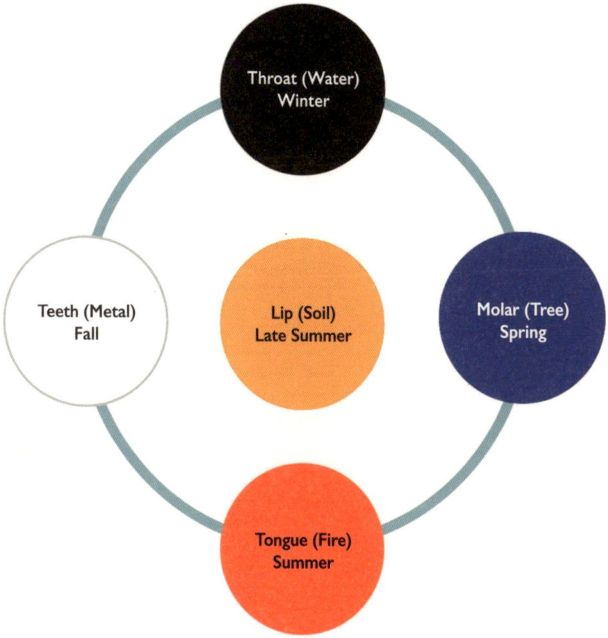

The sound corresponding to spring is the molar sound that is generated when the tongue touches the molars and closes the throat. The molar sound is similar to, but

봄에 해당하는 소리는 어금닛소리로 혀가 어금니 있는 곳까지 안쪽으로 가서 목구멍을 닫을 때 나는 소리입니다. 어금닛소리는 목구멍소리와 비슷하지만 보다 여물어 물을 먹고 나무가 형태를 이루는 봄에 견줄 수 있어 봄소리라고 한 것입니다.

여름에 해당하는 소리는 혓소리로 혀가 윗잇몸에 붙었다 떨어지면서 나는 소리입니다. 혀는 날카롭고 움직이며 혓소리는 구르고 날름거리며, 마치 불이 이글거리며 타오르는 것과 공통점이 있다고 보아 여름 소리라고 한 것입니다 .

늦여름에 해당하는 소리는 입술소리로 입술이 합해지면서 나는 소리입니다. 그 소리가 머금고 넓은 것이 마치 흙이 만물을 품어 간직하며 넓고 큰 것과 같다고 보았습니다.

가을에 해당하는 소리는 잇소리로 이가 맞닿아 있을 때 나는 소리입니다. 이는 단단하고 무엇을 끊을 수 있기 때문에 쇠와 공통점이 있다고 보았습니다.

겨울에 해당하는 소리는 목소리로 목구멍이 열려 있는 상태에서 나는 소리입니다. 목구멍은 깊고 젖어 있어 물과 관련을 지을 수 있습니다.

이처럼 오행의 원리는 자음을 만들 때 완벽하게 적용되었던 것입니다.

more ripened than the throat sound just like a tree in spring. So it is classified as the sound of spring.

The sound corresponding to summer is the tongue sound that is generated as the tongue touches the palate and then drops down quickly. The tongue is sharp and mobile, so the tongue sound rolls and darts in and out just like a blazing fire. This similarity might be the reason why the tongue sound is called the sound of summer.

The sound corresponding to late summer is the lip sound that is generated when the lips are put together. All the sound is kept inside the mouth just like the soil preserving many lives in it.

The sound corresponding to fall is generated when the upper and lower teeth touch each other. Since the teeth are stout and able to cut everything. King Sejong find it similar to metal.

The sound corresponding to winter is the throat sound that comes out when the throat is fully opened. Since the throat is always wet, it can be comparable with water.

As we have seen, the principle of the Five Elements was perfectly applied to the invention of the consonant letters.

10 훈민정음의 글자모양은 어떤 원칙에 따라 만들어진 것인가요?

지금까지 살펴본 것은 한국 사람들이 내는 말소리를 글자로 표시할 때 근본으로 삼은 이치였습니다. 이러한 소리의 이치를 담아 사용하기 편리하도록 글자를 만들 때 글자의 모양을 정한 원칙이 있었습니다. 그 원칙을 다음과 같이 나누어 생각해 볼 수 있습니다.

1_모음을 나타내는 글자의 모양은 자연을 이루는 하늘, 땅 그리고 사람 모양의 특징을 기호화하였습니다.

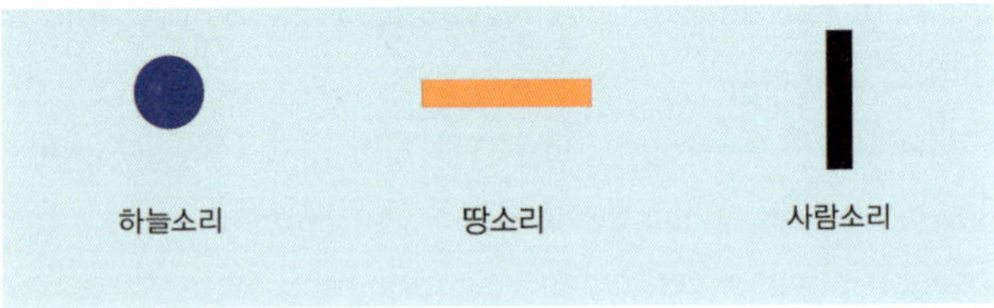

하늘은 끝없이 넓지만 사람이 하늘을 볼 때 머리를 고정시키고 보면 하늘이 둥글게 보입니다. 그래서 둥근 하늘을 상징하는 기호로 '•'을 정하고 하늘소리를 나타내는 글자의 모양으로 삼았습니다.

What principles were applied to determine the shapes of Huminjeongeum?

We have reviewed the principles of Korean sounds that were also applied when Korean letters were invented. To make them easy to learn and to use, there were rules for determining the shapes of the vowel and consonant letters and putting the two together into written syllables.

1_The shapes of the vowel letters symbolize three elements of nature, the sky, the earth, and the human.

The sky has the shape of circle when one looks up the sky with his head fixed. Therefore, '•' was chosen as the shape of the letter that symbolizes the round sky.

땅은 넓고 평평하기 때문에 땅을 상징하는 기호를 'ㅡ'로 정하고 땅의 소리를 나타내는 글자의 모양으로 삼았습니다.

사람이 서 있는 모습은 머리는 하늘을 닮아 둥글고 발은 땅을 닮아 평평합니다. 하늘과 땅 사이에 서 있는 사람의 모습을 상징하는 기호는 'ㅣ'로 정하였습니다.

2_ 두 개의 글자를 합해서 새로운 글자를 만들었습니다.

ㅡ ㅗ ㅜ ㅏ ㅓ ㅑ ㅕ에 각기 ㅣ를 더해서 ㅢ ㅚ ㅟ ㅐ ㅔ ㅒ ㅖ 일곱개의 기호를 더 만들었습니다.

ㅡ+ㅣ=ㅢ
ㅗ+ㅣ=ㅚ
ㅜ+ㅣ=ㅟ
ㅏ+ㅣ=ㅐ
ㅓ+ㅣ=ㅔ
ㅑ+ㅣ=ㅒ
ㅕ+ㅣ=ㅖ

Since the earth is broad and flat, 'ㅡ' was chosen as the shape of the letter that symbolizes the earth.

When a person stands up, his head is round like the sky, and his foot is flat like the earth. The entire shape of a standing man is vertical. Thus, 'ㅣ' was selected as the letter that symbolizes the human standing between the sky and the earth.

2_The letters of complex vowels were made by putting two simple vowel letters together.

By adding ㅣ to ㅡ ㅗ ㅜ ㅏ ㅓ ㅑ ㅕ, complex vowels, ㅢ ㅚ ㅟ ㅐ ㅔ ㅒ ㅖ were made.

ㅡ+ㅣ=ㅢ	[ɯ]+[i]=[ɯi]
ㅗ+ㅣ=ㅚ	[o]+[i]=[ø]
ㅜ+ㅣ=ㅟ	[u]+[i]=[wi]
ㅏ+ㅣ=ㅐ	[a]+[i]=[æ]
ㅓ+ㅣ=ㅔ	[ə]+[i]=[e]
ㅑ+ㅣ=ㅒ	[ja]+[i]=[jæ]
ㅕ+ㅣ=ㅖ	[jə]+[i]=[je]

또한 ㅗ에 ㅏ를 합해서 ㅘ가 되었습니다. ㅜ에 ㅓ를 합해서 ㅝ가 되었습니다. ㅘ와 ㅝ는 '위-오른쪽과 아래 -왼쪽'의 짝을 이룹니다.

ㅗ+ㅏ=ㅘ
ㅜ+ㅓ=ㅝ

ㅘ에 ㅣ를 합해서 ㅙ가 되었습니다.

ㅝ에 ㅣ를 합해서 ㅞ가 되었습니다.

ㅘ+ㅣ=ㅙ
ㅝ+ㅣ=ㅞ

3_ 소리를 내는데 가장 중요하게 사용된 발음기관의 모양을 본떠서 자음의 기본 글자를 만들었습니다.

ㄱ은 혀뿌리가 목구멍을 막을 때 나는 소리를 표시하는 글자입니다. ㄱ 소리를 내고 있는 사람을 옆에서 보았을 때 혀의 모양을 보면 ㄱ이라는 글자 모양을 떠올릴 수 있을 것입니다.

Combining ㅗ and ㅏ resulted in ㅘ. And combining ㅜ and ㅓ led to ㅝ. ㅘ and ㅝ make pairs in terms of 'top-right' and 'bottom-left'.

ㅗ+ㅏ=ㅘ	[o]+[a]=[wa]
ㅜ+ㅓ=ㅝ	[u]+[ə]=[wə]

Combining ㅣ and ㅘ resulted in ㅙ.

Combining ㅣ and ㅝ led to ㅞ.

ㅘ+ㅣ=ㅙ	[wa]+[i]=[wæ]
ㅝ+ㅣ=ㅞ	[wə]+[i]=[we]

3_The basic consonant letters were invented by modeling the shapes of the major vocal organs.

ㄱ is the letter that expresses the sound [g] as in 'again', which is generated when the throat is closed by the tongue at the molars.

ㄱ은 [g]와 비슷한 소리입니다. 영어 again[əgén]의 [g]소리입니다.

어금닛소리

ㄴ은 혀끝을 윗잇몸에 댈 때 나는 소리를 표시한 글자입니다. 혀끝이 앞니의 윗잇몸에 닿아 있는 모습을 옆에서 보면 ㄴ이라는 글자 모양을 떠올릴 수 있을 것입니다. ㄴ은 need[ni:d]의[n]과 같은 소리입니다.

혓소리

The side view of the tongue making the ㄱ sound enables us to imagine the shape of ㄱ.

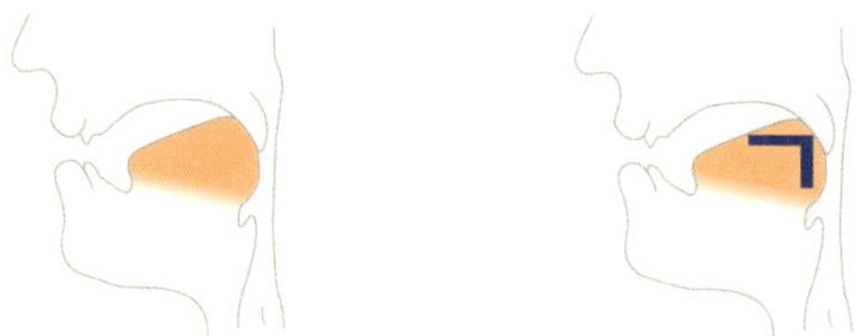

Molar sound

ㄴ is the letter that expresses the sound [n] as in 'need', which is generated when the tongue touches the palate. If we could see this figure from the side, we could imagine the shape of ㄴ.

Tongue sound

ㅁ은 입술로 내는 소리를 표시하는 글자입니다. 입술을 다물었을 때의 입 모양을 앞에서 보고 있으면 ㅁ모양을 떠올릴 수 있습니다. ㅁ은 moon[mu:n]의 [m]과 같은 소리입니다.

입술소리

ㅅ은 이와 이가 맞닿아있고 혀끝이 아랫니에 닿을 때 나는 소리를 표시하는 글자입니다. 이를 부딪힐 때 이가 서로 엇갈려 맞물리는 모습에서 ㅅ을 떠올릴 수 있을 것입니다. ㅅ은 smile[smail]의 [s]와 같은 소리입니다.

잇소리

ㅁ is the letter that expresses the sound [m] as in 'moon', which is generated by putting the two lips together. The shape of the closed mouth from the front reminds us the shape of ㅁ.

Lip sound

ㅅ is the letter that expresses the sound [s] as in 'smile', which comes out when the upper and lower teeth are in contact. The shape of ㅅ resembles the teeth engaging with each other.

Teeth sound

ㅇ은 목구멍이 열린 상태에서 나는 소리를 표시하는 글자입니다. 입을 통해 들여다본 열린 목구멍 모습에서 ㅇ을 떠올릴 수 있습니다.

목구멍소리

ㅇ은 두 가지 소리를 나타내는데 글자의 제일 초성으로 올 때에는 목구멍이 열리지만 소리가 없고, 글자의 받침으로 올 때에는 king[kiŋ]의 [ŋ]와 같은 소리입니다.

ㄹ이 나타내는 소리는 두 가지입니다. 글자의 제일 앞에 올 때에는 [r]과 비슷한 소리이고, 글자의 받침에 올 때에는 [l]과 같은 소리입니다.

ㅇ is the letter that expresses the sound which is generated in the throat. The image of the throat reminds us the shape of ㅇ.

Throat sound

ㅇ expresses two sounds. When ㅇ comes at the beginning of a syllable, ㅇ doesn't have any sound while the throat is opened. But when ㅇ comes at the end of a syllable after a vowel, it represents the same sound [ŋ] as in 'king' while the throat is closed off.

ㄹ expresses two different sounds as well. When it comes at the first consonant, it sounds similar to [r]. When it comes at the final consonant, however, it sounds similar to [l].

4_초성의 기본 글자에 획을 하나씩 더해서 센소리를 표시하는 글자를 만들었습니다.

ㅋ은 ㄱ에 획을 하나 더한 글자인데 혀뿌리가 목구멍을 막고 있는 모습은 같으나 소리의 강도는 셉니다. ㅋ은 cut[kət]의 [k]와 같은 소리입니다 .

ㄷ은 ㄴ에 획을 하나 더한 글자인데 소리를 낼 때 혀의 위치는 같으나 소리의 강도가 셉니다. ㅌ은 ㄷ에 획을 하나 더한 글자로 ㄴ, ㄷ보다 소리가 셉니다. ㄷ은 deed[di:d]의 [d]와 같은 소리이며 ㅌ은 tea[ti:]의 [t]와 같은 소리입니다.

ㅈ은 ㅅ과 마찬가지로 이에서 나는 소리지만 ㅅ보다 소리의 강도가 셉니다. ㅈ은 [dz]와 비슷한 소리입니다. ㅊ은 ㅈ보다 거센소리로 [ts]와 비슷한 소리입니다 .

ㅇ보다 센소리를 나타내는 글자인 ㆆ은 지금 사용하지 않고 있으며 ㅇ보다 센소리를 나타내는 글자는 ㆆ에 획을 하나 더 그어 ㅎ으로 하였습니다. ㅎ은 head[hed]의 [h]와 같은 소리입니다.

4_The letters for harder sounds were made by adding a horizontal bar to the basic consonant letters.

ㅋ is a letter made by adding a bar to ㄱ and expresses the harder sound than ㄱ with the same position of the tongue at the molars as in ㄱ. ㅋ expresses the sound [k] as in 'cut'.

ㄷ is a letter made by adding a bar to ㄴ and expresses the harder sound than ㄴ with the same position of the tongue on the palate as in ㄴ. ㄷ expresses the sound [d] as in 'deed'. ㅌ is a letter made by adding a bar to ㄷ and expresses the harder sound than ㄷ, [t] as in 'tea'.

ㅈ is a letter made by adding a bar to ㅅ and expresses the harder sound than ㅅ with the same position of the teeth. ㅈ expresses the similar sound to [dz] as in 'judge'. ㅊ is a letter made by adding a bar to ㅈ and expresses the harder sound than ㅈ, [ts] as in 'child'.

ㆆ is a letter made by adding a bar to ㅇ, however, is not used now. ㅎ is a letter by adding a bar to ㆆ and expresses the harder sound than ㆆ, [h] as in 'head'.

5_자음의 경우에도 같은 글자를 겹쳐 써서 기본소리보다 더 된소리를 나타내는 글자로 삼았습니다.

ㄱ+ㄱ=ㄲ	깨
ㄷ+ㄷ=ㄸ	딸
ㅂ+ㅂ=ㅃ	빵
ㅅ+ㅅ=ㅆ	쌀
ㅈ+ㅈ=ㅉ	짠

6_하나의 음절을 소리내기 위해서 자음과 모음 그리고 필요에 따라 또 다른 자음을 서로 합해서 하나로 표시하였습니다.

ㅎ+ㅏ+ㄴ=한	ㄱ+ㅡ+ㄹ=글	→	한글

글자를 만든 원리는 소리에 관한 분석을 토대로 세워진 이론이었습니다. 완성된 한글의 글자 체계를 통해서 거꾸로 알 수 있듯이 말소리를 포함한 모든 소리를 표현할 수 있는 글자의 모양을 정할 때 소리가 나는 원리를 과학적으로 분석하고 이해하여 각각의 소리에 대응하여 만들었다는 것을 알 수 있습니다. 그러한 작업은 560여년 전에 이루어진 것임에도 불구하고 소리를 분석한 수준은 지금도 따라갈 수 없는 수준이었습니다.

5_The letters for stronger fortis sounds were made by putting two identical consonant letters together.

ㄱ+ㄱ=ㄲ	as in 'sesame seed' (깨)
ㄷ+ㄷ=ㄸ	as in 'daughter' (딸)
ㅂ+ㅂ=ㅃ	as in 'bread' (빵)
ㅅ+ㅅ=ㅆ	as in 'uncooked rice' (쌀)
ㅈ+ㅈ=ㅉ	as in 'salty' (짠)

6_A consonant, a vowel and an additional consonant if needed were put together to make one syllable.

h + a + n = han	g + eu + l = geul	→	hangeul

The principles by which the Korean letters were created were based on the analysis of the sound. We realize that Hangeul was finally made after the principles of making sounds were examined and understood thoroughly and scientifically, and then the shapes of the letters were invented to express all sounds.

Such a work was accomplished approximately 560 years ago, however, the level of the invention was difficult to reach even today.

11 한글이 세계에서 가장 우수한 글자라고 하는 이유는 무엇일까요?

1_한글은 소리의 단위인 음절을 아주 적은 수의 기호만으로도 모두 표시할 수 있는 '음소문자'입니다.

일본 문자의 'ま' 알파벳의 'ma' 한글의 '마'는 모두 같은 소리로서 한 음절입니다. 그런데 'ま'는 더 이상 나눌 수가 없습니다. 이렇게 더 이상 음절이 나누어지지 않는 문자를 '음절문자'라고 합니다. 그러나 'ma'는 'm'과 'a'로, '마'는 'ㅁ'과 'ㅏ'로 나눌 수 있습니다. 이때 'm' 'a' 'ㅁ' 'ㅏ'를 각기 음소(phoneme)라고 합니다. 이렇게 알파벳과 한글처럼 음소를 기호로 나타낼 수 있는 문자를 '음소문자'라고 합니다. 한글은 24개의 기호로 아무리 많은 음절이라도 모두 적을 수 있어서 알파벳과 함께 가장 우수한 글자입니다.

2_한글은 기호의 모양에 의해 자음과 모음으로 구분됩니다.

알파벳과 한글은 모두 음소문자로서 한 음절은 자음기호와 모음기호로 나누어 적도록 되어 있습니다. 알파벳은 26개

Why is Hangeul known as the best scientific writing system in the world?

1_Hangeul is a phonemic writing system that is able to express each syllable with just a small number of letters.

'ま' in Japanesc, 'ma' in the Roman alphabet, and '마' in Hangeul sound the same as a syllable. However, 'ま' cannot be divided further into parts, while 'ma' can be divided into 'm' and 'a' and '마' can be divided into 'ㅁ' and 'ㅏ'. 'm', 'a', 'ㅁ', and 'ㅏ' are called phonemes. The letters including the Roman alphabet and Hangeul that can express each phoneme with one character are called a 'phonemic writing'. Hangeul is able to express any syllable using only 24 letters.

2_Hangeul can be divided into the letters of the vowels and the consonants according to their shapes.

The Roman alphabet and Hangeul as a phonemic writing is written in syllable units with the vowel and the consonant characters. In the case of the Roman alphabet, a total of 26 vowel and the consonant characters are mixed in their order, thus they cannot be sorted accord-

의 기호가 모양만으로는 자음과 모음을 구별할 수 없게 되어 있고, 순서도 자음과 모음이 섞여 있습니다(a, b, c, d, e…). 그러나 한글은 자음과 모음을 합한 24개 기호의 모양을 자음기호(ㄱ, ㅋ, ㄴ, ㄷ, ㅌ, ㅁ, ㅂ, ㅍ, ㅅ, ㅈ, ㅊ, ㅇ, ㅎ, ㄹ)와 모음기호(ㅡ, ㅣ, ㅗ, ㅜ, ㅏ, ㅓ, ㅛ, ㅠ, ㅑ, ㅕ)로 나눌 수 있습니다. 또한 자음기호나 모음기호 모두 기호가 만들어진 순서도 따로 있습니다. 이처럼 알파벳과는 달리 한글은 기호의 종류와 순서가 정해져 있기 때문에 한글을 배우는 초기 단계에서 글자를 구분해서 인식하는 것이 훨씬 쉽습니다.

3_한글은 음소문자 중에서도 모양과 소리의 체계를 갖춘 '체계 음소문자'입니다.

알파벳은 각기 다른 26개 기호로 되어 있는 음소문자일 뿐입니다. 그러나 한글은 음소문자에 그치지 않고 음소들 간에 체계를 이루고 있는 세계에서 유일한 '체계음소문자'입니다.

음소들 간의 체계란 무엇일까요? 한글은 이미 살펴본 바와 같이 글자의 모양에 의해 자음기호와 모음기호로 나뉩니다. 자음기호는 모두 19개인데 모양에 의해 여섯 가지로 분류할 수 있는 체계를 가지고 있습니다.

ing to their shapes (a, b, c, d, e…). On the other hand, the 24 characters of Hangeul can be sorted into either the vowel letters (ㅡ, ㅣ, ㅗ, ㅜ, ㅏ, ㅓ, ㅛ, ㅠ, ㅑ, ㅕ) or the consonant letters (ㄱ, ㅋ, ㄴ, ㄷ, ㅌ, ㅁ, ㅂ, ㅍ, ㅅ, ㅈ, ㅊ, ㅇ, ㅎ, ㄹ). Furthermore, there is a specific order, on which the characters were made. For this reason, one can sort and understand Hangeul in much easier fashion when he/she learns Hangeul.

3_Hangeul is the 'systematized phonemic language that has the system of shape and sound.

Hangeul is an unique 'systematized phonemic writing' that has a kind of system and order among the characters, while the English alphabet is a simple phonemic writing that consists of 26 different characters.

What is this system among each character? As mentioned before, Hangeul is divided into the letters of the vowels and the consonants according to the shapes of the characters. There is a total of 19 consonants letters that can be sorted into six types.

1. ㄱ, ㅋ, ㄲ

2. ㄴ, ㄷ, ㅌ, ㄸ

3. ㅁ, ㅂ, ㅍ, ㅃ

4. ㅅ, ㅈ, ㅊ, ㅆ, ㅉ

5. ㅇ, ㅎ

6. ㄹ

혼자인 'ㄹ'을 제외하면 공유하는 기본 모양은 'ㄱ, ㄴ, ㅁ, ㅅ, ㅇ' 다섯 개입니다. 똑같은 기호를 나란히 쓴 'ㄲ, ㄸ, ㅃ, ㅆ, ㅉ'를 제외하면 나머지는 기본 기호에다 획을 하나나 두 개 더 그은 것들입니다. 'ㄲ, ㄸ, ㅃ, ㅆ, ㅉ'을 제외한 14개의 자음에 모음 'ㅏ(a)'를 붙여서 발음해 보면 다음과 같습니다.

가카

나다타

마바파

사자차

아하

라

1. ㄱ, ㅋ, ㄲ

2. ㄴ, ㄷ, ㅌ, ㄸ

3. ㅁ, ㅂ, ㅍ, ㅃ

4. ㅅ, ㅈ, ㅊ, ㅆ, ㅉ

5. ㅇ, ㅎ

6. ㄹ

The shared basic shapes are 'ㄱ, ㄴ, ㅁ, ㅅ, ㅇ' except for ㄹ. All the rest has one or two more bars on the five basic shapes, except for 'ㄲ, ㄸ, ㅃ, ㅆ, ㅉ'. If we pronounce the 14 characters, excluding 'ㄲ, ㄸ, ㅃ, ㅆ, ㅉ' with the vowel 'ㅏ' after them, they become as follows.

가 [ga] 카 [ka]

나 [na] 다 [da] 타 [ta]

마 [ma] 바 [ba] 파 [pa]

사 [sa] 자 [dsa] 차 [tsa]

아 [a] 하 [ha]

라 [ra]

이때 '가카' '나다타' '마바파' '사자차' '아하' '라'와 같이 공유하는 기호가 같은 자음들을 연이어 발음해 보면 입 안에서 소리 나는 위치가 같음을 알 수 있습니다. 즉 자음은 모양에 의해서도 체계를 이룰 뿐만 아니라 글자 모양의 체계가 소리의 체계를 정확하게 반영하고 있습니다.

한글의 모음 역시 체계를 가지고 있습니다. 알파벳의 모음기호는 'a, e, i, o, u'입니다. 이들 알파벳의 모음기호들을 구별해서 인식할 수 있는 '모양에 의한 체계'는 없습니다. 그저 각기 다른 모양일 뿐입니다. 그러나 한글에서는, 기본 모음을 나타내는 기호 ㅡ는 평면을 상하로 나누는 기호이며 'ㅣ'는 평면을 좌우로 나누는 기호입니다. 'ㅡ'와 'ㅣ'는 '하나를 둘로 나눈다'는 것을 공통점으로 '가로와 세로'의 짝을 이룹니다. 'ㅗ'와 'ㅜ'는 상하로 대칭을 이루는 모양이며, '입술을 오므려 소리를 내는 것'으로 짝을 이룹니다. 'ㅏ'와 'ㅓ'는 좌우로 대칭을 이루는 모양이며, '입술을 벌려 소리를 내는 것'으로 짝을 이룹니다. 이렇게 보면 모음도 모양의 체계를 이루는 동시에 짝을 이루어 소리의 체계를 나타내고 있습니다.

When we consecutively pronounce the ones that share the same basic shapes, for example, '가카' '나다타' '마바파' '사자차' '아하' '라', we can figure out that the position of the vocal organs stay the same for each basic shape. That is, the consonant letters are systemized in terms of their shapes as well as sounds.

The vowel letters of Hangeul also work under a system. There is no way to distinguish the symbols of the vowels of the English alphabet, 'a, e, i, o, u', according to a particular systematized form. But in the case of the Hangeul, a basic vowel 'ㅡ' divides the plane into top and bottom, and 'ㅣ' divides the plane into left and right. 'ㅡ' and 'ㅣ' share the common trait of 'dividing one into two' and form a pair as both horizontal and vertical. 'ㅗ' and 'ㅜ' are symmetrical top and bottom, and they form a pair as they both require one to 'pucker the lips to make a sound'. 'ㅏ' and 'ㅓ'are symmetrical right and left, and they form a pair as they both require one to 'open the lips to make a sound'. The vowel letters pair up to represent a system based on their shapes as well as sounds.

4_한글은 모음기호가 풍부하고 모음을 중심으로 음절을 쉽게 나눌 수 있습니다.

사람이 내는 모음은 수십 가지에 이릅니다. 한글은 다양한 모음을 나타낼 수 있는 모음기호가 많고 서로를 합해서 더욱 다양한 모음기호를 만들 수 있습니다. 그러나 알파벳의 모음 기호는 다섯 개뿐입니다. 따라서 이 다섯 개 외의 모음은 'wa'나 'ye' 같이 자음기호를 합해 쓸 수밖에 없으며 어떤 소리는 표기할 수 없게 됩니다.

5_한글은 글자 하나가 하나의 소리를 나타내므로 따로 음성기호가 필요하지 않습니다.

알파벳에서는 하나의 기호가 하나 이상의 소리를 나타내는 경우가 있습니다. 'c' 가 cat에서는 [k]가 되고 center에서는 [s]가 됩니다. 따라서 이를 구분하기 위해 알파벳과 별도의 음성기호가 필요합니다. 그러나 한글에서는 하나의 기호가 항상 하나의 소리를 나타내기 때문에 별도의 음성기호가 필요하지 않습니다.

4_Hangeul has abundant vowel letters and easy to divide up the syllables.

The vowels that a person can pronounce are innumerable. Hangeul has a variety of letters to represent the diverse vowels by combining vowel letters with each other. But in the English alphabet, the letters of the vowels are limited to only five. Therefore, vowels such as 'wa' or 'ye' can only be written when combined with a consonant, and some vowels cannot be spelled out.

5_Since one letter represents only one sound in Hangeul, phonetic signs are not necessary.

In the English alphabet, there are cases where one letter represents more than one sound. The 'c' can become [k] in 'cat' or [s] in 'center'. Therefore along with the alphabet, a separate phonetic sign is necessary to differentiate these two. In Hangeul, one letter always represents one sound. Therefore, separate phonetic signs are not necessary.

6_한글은 세로쓰기가 가능합니다.

실생활에서 위 아래로 긴 간판에서와 같이 세로쓰기가 필요한 경우가 많이 있습니다. 한글은 음절 단위로 쓰기 때문에 가로쓰기는 물론 세로쓰기도 가능합니다.

7_한글은 배우기가 쉽습니다.

한글은 기호의 모양이 간결하고 기호들 간에 체계를 이루고 있기 때문에 배우기가 매우 쉽습니다. 모음기호는 하나의 직선 'ㅡ'와 'ㅣ'에서 시작해서 순서대로 직선을 더해가는 과정을 인식하면 되고, 자음기호는 기본 기호 'ㄱ, ㄴ, ㅁ, ㅅ, ㅇ'에 획을 더해가는 체계를 인식하면 됩니다. 실제로 한글을 배우는 외국인들이 한 시간 안에 자신의 이름을 한글로 쓰는 것을 볼 수 있습니다.

6_It is possible to write vertically in Hangeul.

For practical use, it is necessary to write vertically such as in the case of long signboards. Because the basic unit of Hangeul is a syllable, it is possible to write it horizontally as well as vertically.

7_It is easy to learn Hangeul.

It is easy to learn Hangeul, because the letters have concise forms and work under a specific system. One can understand the vowel letters by starting from a single line of 'ㅡ' and 'ㅣ' and adding the single lines in sequence, while the consonant letters by starting from the basic letter of 'ㄱ, ㄴ, ㅁ, ㅅ, ㅇ' and adding additional strokes. In actuality, one can find foreigners starting to learn Korean can write their names in Korean within less than an hour.

12 한글을 배워 읽고 쓸 수 있으려면 얼마나 걸릴까요?

한글을 배우는 데는 한 시간도 걸리지 않습니다.

지금부터 자음과 모음이 만들어진 원리에 따라 읽고 쓰는 것을 여러분의 손가락을 이용해서 배워봅시다.

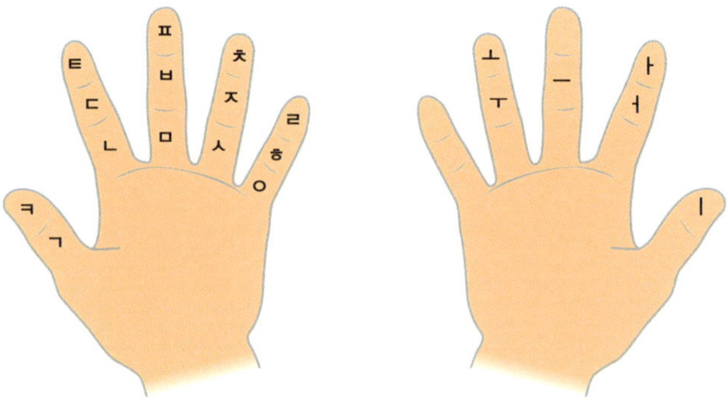

손가락 한글배우기 그림

1_ 모음

위에 있는 그림은 오른손 마디에 기본 모음기호 여섯 개를 배치하고 왼손 마디에 자음기호 열네 개를 배치한 것입니다.

It takes as little as one hour to read and write Hangeul. Let's learn Hangeul according to the principles applied to the invention of the vowel and the consonant letters using the fingers.

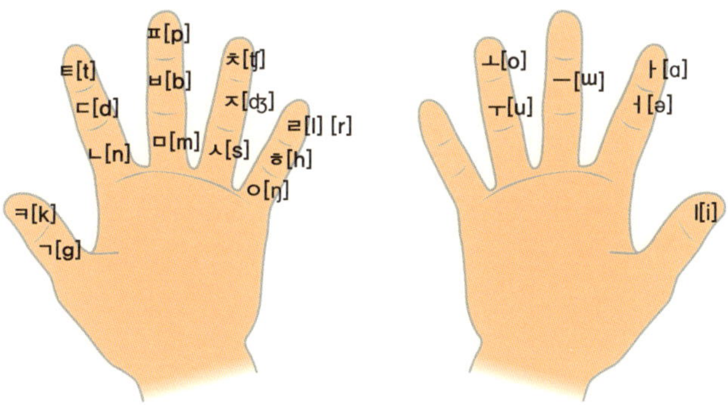

Learning Hangeul using the fingers

1_The Vowel letters

In the above diagram, the letters of 6 basic vowels are placed on the right fingers and those of 14 consonants are placed in the left fingers.

'ㅡ'는 모음의 기본입니다. 따라서 중지의 '가운데' 마디에 놓습니다. 'ㅣ'는 소리가 날 때 혀가 펴지고 소리가 얕아서 입을 열기가 편합니다. 그렇기 때문에 기본 모음에서 복잡한 모음들을 만들 때 'ㅣ'를 더해서 만듭니다. 'ㅣ'가 놓인 엄지의 끝마디는 'ㅣ' 소리의 역할이 그러한 것과 같이 다른 모든 손가락의 마디와 맞출 수 있습니다. 다음에 'ㅗ'와 'ㅜ'가 짝을 이루고, 'ㅏ'와 'ㅓ'가 짝을 이룹니다. 이렇게 해서 기본 모음으로부터 더 많은 모음기호들을 만드는 과정을 엄지 끝마디로 다른 손가락 마디를 짚어가면서 확인할 수 있습니다.

2_자음

다음에 왼손 아래 다섯 마디에 기본 자음기호 'ㄱ, ㄴ, ㅁ, ㅅ, ㅇ'을 배치합니다. 그리고 윗마디로 올라가면서 획을 더합니다. 'ㄹ'은 두 소리로 쓰입니다. [l] 소리일 경우는 혀끝이 윗잇몸에 붙는 소리 'ㄴ'과 가깝고 [r] 소리인 경우는 목구멍이 열린 소리 'ㅎ'과 가깝습니다. 'ㄹ'을 'ㅎ' 위에 배치하면 자음은 손가락 수와 같이 다섯 종류입니다.

한 손가락에 있는 자음들의 조음 위치는 같습니다. 맨 아랫마디에서 위로 올라갈수록 소리가 거세지면서 획이 더해집니다.

'ㅡ' is the basic vowel. Therefore, it is placed in the middle joint of the middle finger. We add 'ㅣ' to make complex vowels from the basic vowels. 'ㅣ' which is located at the last joint of the thumb can be matched with any joint in the fingers just the way it is in Hangeul writing. You can see from the diagram where the other basic vowels are located with respect to 'ㅡ'. 'ㅗ' and 'ㅜ' form a pair and 'ㅏ' and 'ㅓ' form a pair as well. In this way, one can understand the process of forming more vowel letters from the basic vowel letters by resting the last joint of the thumb on other joints of the fingers.

2_The Consonant letters

Next, place the signs for the basic consonants, 'ㄱ, ㄴ, ㅁ, ㅅ, ㅇ' at the bottom joints of the left hand. Then, add on a stroke while moving upwards towards the joints above. When 'ㄹ' is placed above the 'ㅎ', there are five consonant letters just like the five fingers.

The sounds on each finger are articulated at the same vocal organ. The basic sound is put at the bottom and a stroke is added for harder sounds as one move upwards from the bottom joint.

검지를 봅시다. ‘ㄴ[n]’보다 소리가 거세지면 위로 올라가면서 획을 더해(ㄴ+—) ‘ㄷ[d]’이 되고, ‘ㄷ’보다 소리가 거세지면 다시 위로 올라가면서 획을 더해(ㄷ+—) ‘ㅌ[t]’이 됩니다. 알파벳 ‘n, d, t’를 보면 이들은 각기 다른 기호일 뿐이고, 글자의 모양을 보고서 소리가 나는 위치가 같다는 것을 인식할 수는 없습니다. 그러나 조음 위치가 같은 소리인 ‘ㄴ, ㄷ, ㅌ’을 보면 하나의 소리가 거세지면서 획이 더해지는 것을 알 수 있습니다.

이제 자음기호와 모음기호를 합해서 글자를 만들어 봅시다. 왼손을 펴놓고 오른손 마디를 왼손 마디에 가져갑니다. 왼손 ‘ㄴ’ 마디가 있는 곳에 오른손 ‘ㅏ’ 마디를 갖다 대면 ‘나’가 됩니다. 이렇게 두 손을 사용하면 손이 둘이듯이 음소가 모음과 자음으로 이루어져 있음을 알 수 있습니다. 오른손으로는 모음기호 체계와 모음기호를 만든 원리를 알 수 있으며, 왼손으로는 자음기호의 체계와 자음기호를 만든 원리를 알 수 있습니다.

3_한글 쓰기

이렇게 자음과 모음을 합해서 실제로 글자를 써보기로 합시다. 글자를 쓸때에는 몇 가지 지켜야 할 원칙이 있습니다.

Let's look at the index finger. When a sound becomes harder than 'ㄴ[n]', it becomes ㄷ[d] by adding a stroke while it moves upwards (ㄴ+ㅡ). When a sound becomes harder than 'ㄷ[d]', it becomes 'ㅌ[t]' by once again adding a stroke while moving upwards (ㄷ+ㅡ).

With the right hand, one can understand the system of the vowel letters and the principle of their formation, while with the left hand, one can understand the system of the consonant letters and the principle of their formation.

Now let's add a consonant letters and a vowel letters to form a syllable. While spreading out the hands, place the right hand joints on the left hand joints. When 'ㅏ' in the right hand joint is placed in the 'ㄴ' of the left hand joint, it becomes '나'. By using both hands like this, one can see that just like the use of both hands, the syllable is composed of both a consonant and a vowel. In this way, try to write words by combining the letters of the consonants and the vowels.

3_Writing Hangeul

There are some principles that one needs to adhere to when writing in Hangeul.

첫째, 기호가 수평선일 때에는 왼쪽에서 오른쪽으로 쓰고, 수직선일 때에는 위에서 아래로 씁니다.

ㅡ ㅣ ㄱ ㄴ

→ ↓ →↓ ↓→

둘째, 글자를 쓸 때에는 음절 단위로 모아서 쓰는데 글자의 모양은 사각형이 되도록 합니다. 처음에는 자음을, 그 다음에 모음을 써야 하고 마지막에 자음이 또 있는 경우도 있습니다. 이때 다음 원칙에 따라 자음-모음-자음의 순서로 쓰도록 합니다.

1. ㅡ를 포함하는 모음(ㅡ, ㅗ, ㅜ, ㅛ, ㅠ)의 경우에는 자음의 아래에 모음을 쓰고 다시 자음을 써야 하는 경우에는 모음 아래에 마지막 자음을 씁니다.

고 곤

2. ㅣ를 포함하는 모음(ㅣ, ㅏ, ㅓ, ㅑ, ㅕ, ㅐ, ㅔ, ㅒ, ㅖ)의 경우에는 자음의 오른쪽에 모음을 쓰고 다시 자음을 써야 하는 경우에는 아래에 마지막 자음을 씁니다.

가 간

First of all, when the main line of the letter is horizontal, write it from left to right, and when the main line is vertical, write it from top to bottom:

ㅡ ㅣ ㄱ ㄴ

→ ↓ →↓ ↓→

Second, while each written syllable has two to four letters, the syllable must be written in a rectangular shape. The consonant-vowel-consonant of the syllable should be written according to the following principles.

1. For the vowel letters with a long horizontal line including ㅡ (ㅡ, ㅗ, ㅜ, ㅛ, ㅠ), write the vowel letters below the preceding consonant letter. When another consonant letters must be added, write the last consonant letters below the vowel.

고 곤

2. For the vowel letters with a long vertical line, including ㅣ (ㅣ, ㅏ, ㅓ, ㅑ, ㅕ, ㅐ, ㅔ, ㅒ, ㅖ), write the vowel letters to the right of the preceding consonant letter. When another consonant letters must be added, write the last consonant letters below the first consonant-vowel sequence.

가 간

3. 모음이 ㅡ와 ㅣ를 모두 포함할 때에는 두 형태를 합해 씁니다.

과 관

4. 마지막 자음에 서로 다른 두 개의 자음을 이어 쓰는 경우도 있습니다.

많 닭

3. When the vowel letters include both ㅗ and ㅣ, combine the two forms sequentially.

과 관

4. When the last consonant letters should be at the very end after another consonant letters, write the two consonant letters next to each other (left-to-right) under the first consonant-vowel sequence.

많 닭

1_한글을 사용하는 인구는 얼마나 될까요?

한국은 국토의 크기로 볼 때에는 작은 나라입니다. 그러나 인구수로 볼 때에는 남북한 합치면 약 7천만으로 세계 15위입니다.

한국어는 지구상에서 쓰이고 있는 수천 가지 언어 중에서 중국어, 힌디어, 스페인어, 영어, 아랍어, 벵골어, 포르투갈어, 러시아어, 일본어, 독일어, 프랑스어, 말레이인도네시아어 등에 이어 사용 인구수로 열세 번째를 차지하는 언어입니다.

한국어를 말하는 사람들은 거의 한글을 쓸 수 있습니다(99.9% 정도가 읽고 쓸 줄 압니다). 지구상에서 소수민족 고유어가 자꾸 소멸해 간다는 보고가 있고, 앞으로 몇 언어 만 살아남을 거라는 전망까지 나오고 있습니다. 이런 전망에 부화뇌동하여 영어를 공용어로 삼아야 하고, 심지어 우리의 후손들은 한국어 대신 영어를 모국어로 해야 한다는 주장까지 있는 형편입니다.

1_How many people use Hangeul?

In terms of the size of the territory, Korea is a very small nation. However, the population of Koreans including both North and South Korea is seventy million people that is the 15th world ranking!

Among the thousands of languages used in this world, Korean is the 13th in terms of the number of speakers, after Chinese, Hindi, Spanish, English, Arabic, Bengali, Portuguese, Russian, Japanese, German, French, and Malaysian.

Nearly all speakers of Korean can write in Hangeul (based on a literacy rate estimated at 99.9%). The languages of minority groups are rapidly becoming extinct, thus some even predict that only a few languages will eventually survive. Some are blindly following this prediction, arguing for the use of English as a common language or even as our national language.

그러나 언어란 단순히 의사소통의 수단이 아닙니다. 민족의 역사와 얼이 담겨 있는 것입니다. 민족은 언어를 기본으로 형성되어 있습니다. 고유언어를 잃은 민족은 더 이상 민족이라 하기 어렵습니다. 예컨대 만주족은 만주어를 잃어버림으로써 사실상 사라졌다고 해도 과언이 아닙니다. 일제치하에서 우리 민족이 우리말을 잃어버릴 위기에 처하기도 했지만 역경을 헤치고 민족의 역사를 이어갈 수 있었습니다.

2_한글날은 왜 10월 9일이 되었을까요?

한글날이 오늘날과 같이 10월 9일로 정해지게 된 데에도 곡절이 많습니다. 세종대왕께서는 한글을 만드는 작업을 은밀하게 추진했기 때문에, 《실록》에도 한글 창제와 관련된 기록이 분명히 나오지 않습니다.

왕과 관련된 대부분의 사건은 날짜를 정확히 명시해서 기록을 하는게 일반적인데, 한글 창제와 관련된 기록은 《실록》에 전혀 보이지 않다가 1443년(세종 25년) 12월 기록의 맨 끝에 날짜를 명시하지 않고서 그냥 '이번 달에 왕이 언문 28자를 만들었다'고 적고 있습니다. 그리고 3년 뒤인 1446년(세종 28년) 9월 기록의 맨 끝에 역시 날짜를 명시하지 않고서 '이번 달에 훈민정음이 완성되었다'는 기록이 나옵니다.

But language is not only a means of communication but also carries the history and soul of a nation and culture. It is hard to recognize a nation that has lost its own language. For instance, it is not hasty to say that the Manchurians have disappeared since the Manchu language has died out. The Korean faced the danger of extinction under Japanese occupation in the early 20th century but has overcome the hardship and continued the nation's history.

2_How did October 9th become Hangeul Day?

There were many ups and downs on the way for Hangeul Day to come to be celebrated on October 9th as it is today. Since King Sejong worked secretively on Hangeul, there are no accurate records regarding the invention of Hangeul even in «Royal Chronicles», where at the end of the article for December 1443 (the 25th year of King Sejong's reign), without mentioning any dates, it is plainly written 'the King has made 28 letters'. Three years later in 1446 (the 28th year of King Sejong's reign) at the end of the article for September, once again with no mentioning of dates, it is written 'the Korean writing system has been completed this month'. Scholars were somewhat perplexed by these contrary records. They eventually concluded that although Hangeul was made

이 두 기록을 놓고서 현대 학자들은 약간의 혼란에 빠졌습니다. 그래서 1443년 12월에 한글이 일단 만들어지기는 했지만 실용화를 위한 수정 · 보완 작업을 3년 동안 해서 1446년 9월에 한글을 제대로 완성했다고 결론을 내렸습니다. 그렇다면 1443년 12월보다는 1446년 9월을 한글이 만들어진 시기로 보는 것이 좋겠다고 생각하게 된 것입니다.

그런데《실록》에 9월 며칠인지 날짜가 없으므로 그냥 9월 그믐날로 가정하고 양력으로 환산하여 10월 29일을 한글날로 정하게 되었습니다. 그러다가《훈민정음 해례본》의 원본이 발견되었는데, 정인지의 서문에 다음과 같이 씌어져있습니다.

"계해년 겨울에 우리 전하께서 정음 28자를 창제하시고, 간략하게 예의를 들어 보이시며 이름을 훈민정음이라 지으셨다…."

그리고 날짜는 '세종 28년 9월 상순'이라고 적혀 있었습니다. 이것 역시 정확한 날짜는 아니나 애초에 9월 그믐으로 잡았던 것에서 20일 정도 앞당길 필요가 생기게 된 것입니다.

by December 1443, the adjustments and complementary works for its practical use were carried out for three more years until the September 1446 when Hangeul was completed. As a result, they decided that it is better to regard September 1446 as the accurate date when Hangeul was invented rather than December 1443.

But since the Chronicles do not mention the exact date in September, they assumed it to be the end of the month, converted the dates of the lunar calendar at the time to the solar calendar, and finally declared October 29th as the official Hangeul Day.

Later, the original edition of Hunminjeongeum was discovered, and in the preface it is written as follows:

"In the winter of 1443, our Lord has devised 28 characters and declared its name to be Hunminjeongeum with a brief example⋯."

The date was recorded as 'the first ten days of September in the 28th year of King Sejong's reign'. Although it was still not an accurate date, it made it necessary to move the date 20 days earlier from the original selection as the last day of the month. In the end, Hangeul Day

그래서 10월 29일에서 20일을 앞당겨서 10월 9일을 한글날로 정하게 되었습니다.

한글날이 정해지게 된 경위는 이렇게 우여곡절이 많았고 웃지 못할 사건도 있었으나, 세종대왕이 한글을 만든 취지와 한글의 과학성을 온 국민이 되새겨볼 기념일은 반드시 필요합니다.

3_한글로 씌어진 최초의 문헌은 무엇일까요?

한글로 씌어진 첫 문헌은《용비어천가》입니다. 세종 27년 1445년에 본문을 지었고 1447년 5월에 간행되었습니다. 책의 내용은 조선 왕조의 창업을 기리는 것으로 악장 형식의 노래입니다.

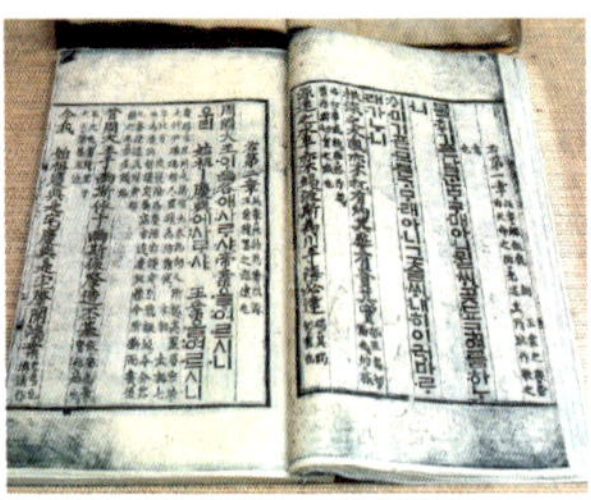

***용비어천가** 조선건국의 시조들을 칭송한 서사시

was moved 20 days earlier from October 29th, finally making October 9th as the official Hangeul Day.

Ultimately it is important for us to take this day to reflect on the purpose of Hangeul invention and to recognize its uniqueness and truly ingenious construction.

3_What is the first document published in Hangeul?

The first document ever published in Hangeul was «Yongbieocheonga».* The document is a praise of the foundation of Chosun Dynasty with a poetic structure. The body of the text was written in 1445, the 27th year of King Sejong, and it was published in May 1447.

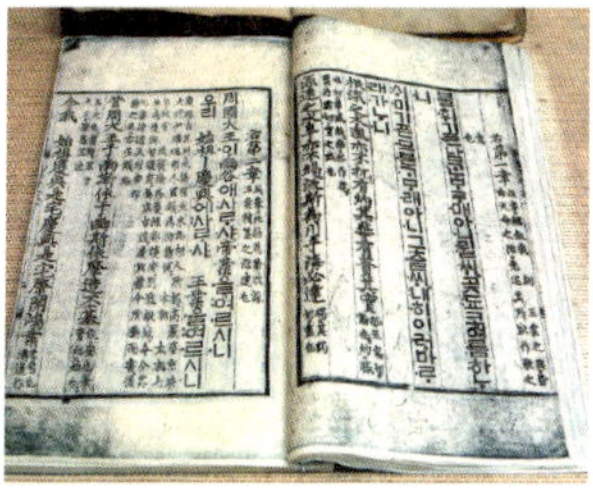

***Yongbieocheonga** The epic poem praising the foundation of Chosun Dynasty.

4_한글만 사용한 최초의 신문은 무엇일까요?

최초의 한글 전용 신문은 1896년 4월 7일 서재필이 중심이 되어 만든 〈독립신문〉입니다. 〈독립신문〉의 창간사에 "… 모두 언문으로 쓰기는 남녀 상하 귀천이 모두 보게 함이요, 또 구절을 떼어 쓰기는 알아보기 쉽도록 함이라" 라고 적혀 있습니다.

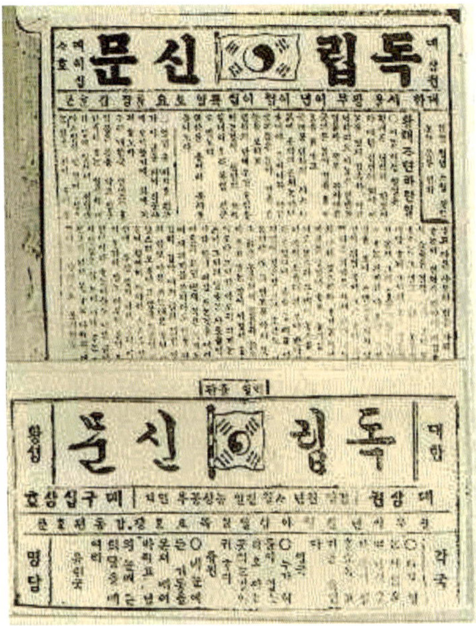

독립신문

4_What is the first newspaper written entirely in Hangeul?

The first newspaper exclusively written in Hangeul is The Independent published by Jaepil Seo in April 7th 1986. The first edition says "… we shall publish the paper entirely in the Korean alphabet for the readership of both men and women and classes high and low, and the paragraphs are spaced out in order for the reader to understand it more easily."

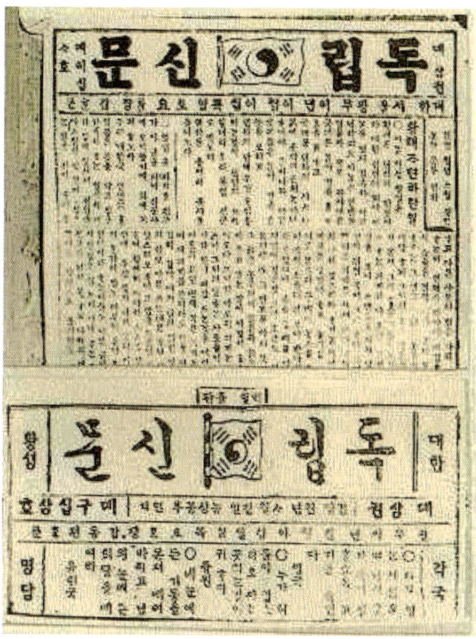
독립신문

독립신문

The Independent

5_전 세계적으로 한글 창제 정신을 기리는 사업이 있나요?

유네스코에서 제정한 세종대왕 문해상이 있습니다 .

한국 정부(외교통상부) 지원으로 1989년에 제정되어 1990년부터 시상해오고 있는 상으로서, 문해, 특히 개발도상국의 모국어 발전 · 보급에 크게 기여한 개인/단체/기구 2명(곳)에게 매년(9월 8일 문해의 날) 시상하고 있습니다. 각 수상자에게 상금 미화 1만 5,000불과 상장, 세종대왕 은메달을 수여합니다.

6_훈민정음이라는 첫 이름이 어떻게 한글이라는 이름으로 변하게 되었나요?

한글이 만들어질 때, 세종은 이 문자의 이름을 '훈민정음'이라고 정했습니다. '백성을 가르치는 데 사용할 바른 소리글'이라는 뜻입니다.

그러나 당시의 양반 사대부들은 한글이라는 문자의 출현을 별로 달갑게 생각하지 않았고, 오랫동안 유지되어 온 중국 중심의 사대주의에 젖어 있었기 때문에, 한자와 한문에 비해 한글을 얕잡아보았습니다.

5_Is there any worldwide organization that celebrates the inventive spirit of Hangeul?

The King Sejong Literacy Prize has been established by UNESCO to celebrate the inventiveness of King Sejong in creating Hangeul. Established in 1989 with the support of the Korean government (Ministry of Foreign Affairs and Trade) and practicing ward ceremonies since 1990, the prize is given out every year in September 8th, Literacy Day to any two individuals or organizations that have contributed to the improvement and propagation of a developing country's native language. Each prize awardee receives $15,000, a diploma, and a King Sejong silver medal.

6_How did the original name 'Hunminjeongeum' change into Hangeul?

Hangeul has had many names since it was created. When Hangeul was first invented, King Sejong named the Korean alphabet 'Hunminjeongeum'. This means 'the correct sound letters for enlightening the people.'

But the noble class was not pleased at the invention of the new character because of their worldview deeply affected with Chinese ideologies such as classism and sexism.

그래서 한자로 쓴 글은 '진서'라고 부르고 한글이나 한글로 쓴 글은 '언문'이라고 불렀습니다. 그리고 한글을 주로 부녀자들이 사용했다고 해서 '암글'이라 하여 암클이라고 부르기도 하였고 아직 한문을 제대로 배우지 못한 아이들이나 쓰는 글이라고 해서 '아햇글'이라고 불렀다는 설도 있습니다.

그러다가 개화기에 이르러 민족정신에 대한 각성이 일어남에 따라 우리 민족 고유의 문자인 한글의 가치를 높이 평가하게 되어 '정음(正音)', '국문(國文)' 등의 명칭도 많이 사용하게 되었습니다.

우리 민족의 글에 '한글'이라는 이름을 처음으로 붙여서 사용한 사람은 주시경 선생으로 알려져 있습니다. 주시경 선생은 개화기에 우리말과 글에 대해 남다른 애정을 가지고 교육과 연구에 힘쓴 분입니다 .

They considered Hangeul inferior to Chinese characters and started calling Chinese characters the 'true letters' and Hangeul the 'colloquial' with a pejorative sense. They also called Hangeul 'Ahmgeul' meaning women's alphabet, because Hangeul was taught to women and girls unlike Chinese characters in Korea at that time. There is also a theory that it was called 'Ahhetgeul' as a children's alphabet, suggesting that it was only used by children who were yet not literate in Chinese characters.

Then during the period of enlightment, a new awakening of nationalism caused the nation to value Hangeul as the own national alphabet, giving it new titles such as Jeongeum (correct sounds) or gookmun (national language).

The first person to have given the name Hangeul to the Korean alphabet is known as Master Shigyeong Joo. He is known for his hard work and dedication at the age of civilization, working in the fields of education and research on our native language.

부록
Appendice

한글관련 사이트
Hangeul-related websites

한글의 아름다운 조형미
Beauty of the Hangeul style

국립국어원 www.korean.go.kr

어문 정책 전반에 관련된 연구를 주관하는 기구로서 국어사전 편찬, 한글맞춤법, 표준어 규정, 외래어 표기법 제정 및 어문자료 수집의 업무 내용 소개.

The National institute of the Korean language www.korean.go.kr

The institute carries researches regarding the national language policies and introduces affairs regarding the compilation of dictionaries, Hangeul orthography, standard language regulations, and the enactment of loanword orthography.

국립 한글박물관 www.hangeul.go.kr

한국의 대표적 문화유산인 한글의 역사와 가치를 일깨우는 전시와 체험, 배움의 기회를 제공하는 박물관. 한글누리(도서관), 상설전시실, 기획전시실, 어린이를 위한 한글놀이터, 외국인을 위한 한글배움터 등으로 구성.

National Hangeul Museum
www.hangeul.go.kr

NHM is opened to promote and disseminate the linguistic and cultural value of Hangeul, the most valued treasure of Korea's heritage. The museum has permanent and special exhibition halls, the library Hangeulnuri, playgrounds for children and educational spaces for foreigners.

한국어참사랑 cafe.daum.net/koreantruelove

한국어 관련 온라인커뮤니티, 한국어 강의자료, 정보교류, 외국인참여마당 수록.

Korean true love
cafe.daum.net/koreantruelove

An online community regarding the national language, lectures about Korean, and information exchanges. It contains a participatory discussion board for foreigners.

한국어학회 www.koreanlinguistics.or.kr

석사와 박사논문 및 고대, 중세, 근대국어의 문헌자료를 모음. 월례발표회와 계절별 학술대회 등 연구활동을 소개함.

Korean Linguistics Association
www.koreanlinguistics.or.kr

The association archives diverse research papers and materials of literature, as well as holds monthly conferences and academic symposium.

한글재단 www.hangul.or.kr

한글의 역사와 세종대왕의 업적을 소개하며 훈민정음 창제의 동기와 목적 설명. 한글의 자모음을 안내하며 문교부가 고시한 맞춤법 전문수록.

Hangeul foundation
www.hangul.or.kr

The foundation introduces the history of Hangeul and the works of King Sejong, along with the motives and aims of Hunminjeongeum. The site explains the consonants and vowels of Hangeul and contains the official orthographical rules of the Educational Department.

한글학회 www.hangeul.or.kr

한국어와 한글을 과학적으로 연구하고 국어운동을 펼쳐 그 가치를 드높이는 학술단체.

The Korean Language Society (Hangeul Hakhoe) www.hangeul.or.kr

The Society conducts researches on Korean and Hangeul, and develops worldwide movements to increase the value of Korean.

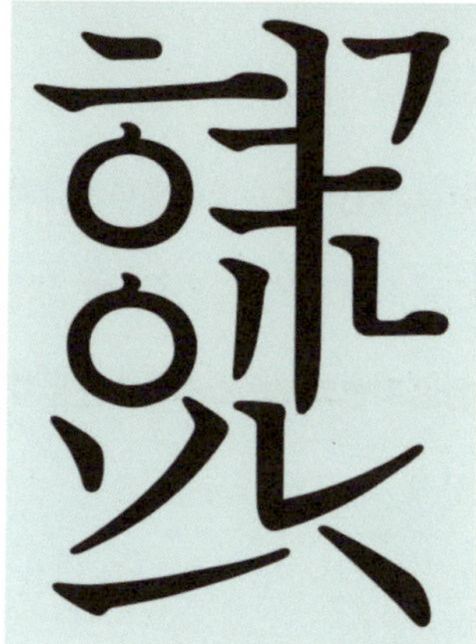

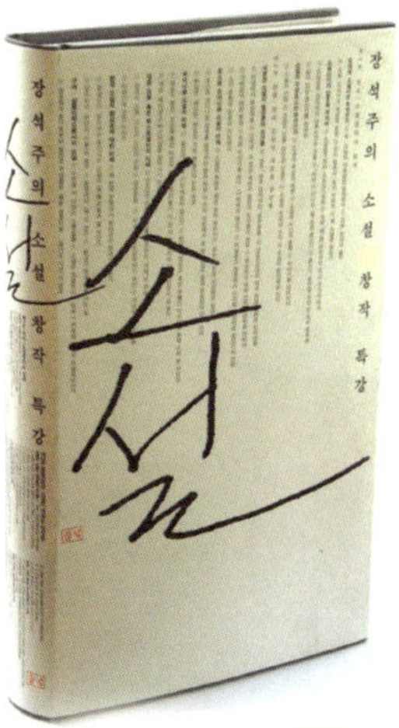
장석주의 소설 창작 특강
소설

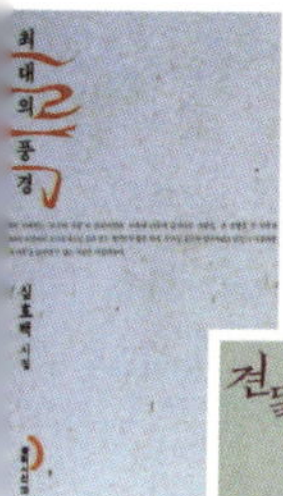

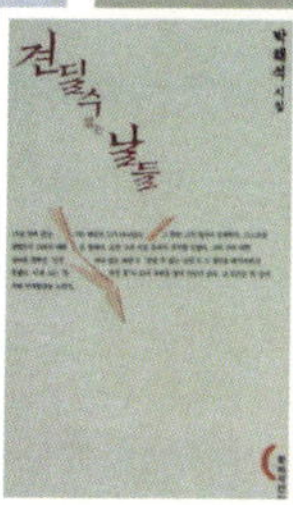

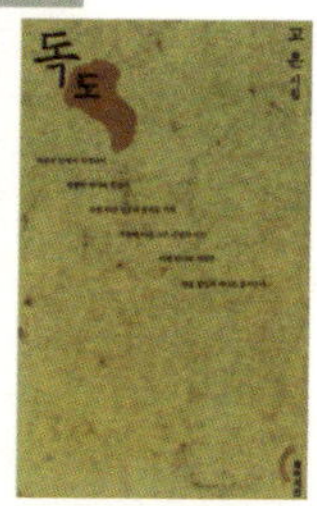
독도
고은 시집

한글, 자연의 모든 소리를 담는 글자 _신명조

한글, 자연의 모든 소리를 담는 글자 _견출명조

한글, 자연의 모든 소리를 담는 글자 _중고딕

한글, 자연의 모든 소리를 담는 글자 _견출고딕

한글, 자연의 모든 소리를 담는 글자 _궁서체

한글, 자연의 모든 소리를 담는 글자 _윤명조120

한글, 자연의 모든 소리를 담는 글자 _윤고딕120

한글, 자연의 모든 소리를 담는 글자 _미소L

한글, 자연의 모든 소리를 담는 글자 _피노키오L

한글, 자연의 모든 소리를 담는 글자 _햇살L

한글, 자연의 모든 소리를 담는 글자 _소설가

한글, 자연의 모든 소리를 담는 글자 _소녀L

한글, 자연의 모든 소리를 담는 글자 _순수L

한글, 자연의 모든 소리를 담는 글자 _낙서L

한글, 자연의 모든 소리를 담는 글자 _글꽃M

한글, 자연의 모든 소리를 담는 글자	_꼬마이야기L
한글, 자연의 모든 소리를 담는 글자	_성냥개비이야기M
한글, 자연의 모든 소리를 담는 글자	_동화M
한글, 자연의 모든 소리를 담는 글자	_리듬체
한글, 자연의 모든 소리를 담는 글자	_문화체
한글, 자연의 모든 소리를 담는 글자	_별난소년L
한글, 자연의 모든 소리를 담는 글자	_숯불
한글, 자연의 모든 소리를 담는 글자	_열정
한글, 자연의 모든 소리를 담는 글자	_유치원M
한글, 자연의 모든 소리를 담는 글자	_인사동
한글, 자연의 모든 소리를 담는 글자	_저녁노을L
한글, 자연의 모든 소리를 담는 글자	_타자L
한글, 자연의 모든 소리를 담는 글자	_해탈
한글, 자연의 모든 소리를 담는 글자	_광수M

한글, 자연의 모든 소리를 담는 글자(영어판)

초판 1쇄 펴낸날 | 2006년 10월 9일
초판 2쇄 펴낸날 | 2013년 3월 31일
개정판 1쇄 펴낸날 | 2017년 10월 9일

기획 | 코리아 스토리 기획위원회
엮은이 | 유은실, 이용미, 오경택
감수 | 김명호, 김수희, 에밀리 커티스
옮긴이(영어판) | 유은실
디자인 | 씨디자인
자료협찬 | 이건만Anf

펴낸이 | 홍솔
펴낸곳 | 허원미디어

주소 | 서울시 종로구 필운대로7길 19(옥인동)
대표전화 | (02) 766-9273
팩시밀리 | (02) 766-9272
홈페이지 | http://cafe.naver.com/herwonbooks
출판등록 | 2005년 12월 2일 제300-2005-204호

값 10,000원

ISBN 978-89-92162-02-9 04700(set)
978-89-92162-71-5 04700

이 도서의 국립중앙도서관 출판예정도서목록(CIP)은 서지정보유통지원시스템 홈페이지(http://seoji.nl.go.kr)와 국가자료공동목록시스템(http://www.nl.go.kr/kolisnet)에서 이용하실 수 있습니다.(CIP제어번호: CIP2017023787)